정치 무당

김어준

정치 무당
김어준

그
빛과
그림자

강준만 지음

'김어준 논쟁'은 '역지사지 논쟁'이다

결국 김어준이 TBS(교통방송)를 떠났다. 박수를 치며 기뻐한 사람들도 있었겠지만, 분노하면서 슬퍼한 사람들도 있었다. 후자의 사람들 중엔 그간 김어준과 친밀한 관계를 유지해온 민주당 의원 김남국이 있었다. 그는 "불량배도 하지 않을 파렴치한 방식으로 언론사를 탄압하고 길들이려는 시도가 성공했다고 웃고 있을지 모르겠다"며 "최악의 언론 탄압을 국민과 함께 반드시 심판하겠다"고 했다.

과연 그런가? "불량배도 하지 않을 파렴치한 방식으로 언론사를 탄압하고 길들이려는 시도"가 이루어진 것인가? 그렇다면, 왜 그런 짓이 저질러진 것인지 한 번이라도 생각은 해보았는가? 누군가가 "김어준은 불량배도 하지 않을 파렴치한 방식으로 공영방송사를 정파적으로 사유화하려는 시도"를 해왔다고 주장한다면, 김남국은 뭐라고 답할지 궁금하다.

아니 김남국에게 물을 일은 아니다. 김어준과 김어준 지지자들과 민주당에 물어야 한다. 처지를 바꿔서 생각해본다는 '역지사지易地思之'의 필요성에 동의하는지, 그렇다면 왜 그걸 김어준 방송엔 적용하지 않으려고 했는지 말이다. 이와 관련, 미국 제44대 대통령 버락 오바마의 말이 떠오른다.

"지금도 나는 어머니가 강조한 간단한 원칙, 즉 '네게 그렇게 하면 기분이 어떨 것 같니?'를 정치 활동의 길잡이 중 하나로 삼고 있다. 나는 스스로에게 이런 질문을 던지는 것은 아무리 자주 해도 지나치지 않다고 생각한다. 국가 전체를 놓고 볼 때, 우리는 상대편의 처지에서 생각해보는 마음이 부족한 것 같다."[1]

정치인 특유의 자기 홍보성 발언으로 치부해도 되겠지만, "네게 그렇게 하면 기분이 어떨 것 같니?"라는 역지사지 원칙만큼은 백번 천 번 옳다는 걸 인정하는 게 좋겠다. 역지사지, 이게 참 묘한 거다. 아마도 성격이나 품성 때문이겠지만, 개인차가 크다. 역지사지를 비교적 잘하는 사람들이 있는가 하면 그걸 잘하지 않거나 아예 하지 않는 사람들도 있다. 내가 그간 살아오면서 내린 씁쓸한 결론이긴 하지만 역지사지를 잘하지 않는 사람들이 세상을 사는 데엔 유리한 것 같다. 물론 역지사지를 아예 하지 않는 사람들은 언젠간 큰 부메랑을 맞을 수 있기 때문에 꼭 유리하다고 말할 순 없겠지만 말이다.

　나는 보통의 한국인답게 편 가르기에 능한 사람이었다. 아니 지금도 그럴 게다. 그런데 내겐 나 자신도 어찌할 수 없는 묘한 '버릇'이 있었다. 어렸을 때부터 어렴풋하게나마 나타난 것으로 지금까지도 지속되고 있는 버릇이다. 아무리 같은 편일지라도 반대편에 대한 우리 편의 부당한 짓이 감내할 수 있는 수준을 넘어 지나치다고 생각하면 편, 즉 진영을 뛰어넘어 그걸 비판하는 버릇이다. '자기가 무슨 공정의 화신이라고 그렇게 혼자 잘난 척한단 말인가?' 나 스스로 그런 생각이 들 정도로 그 버릇은 내겐 모든 면에서 결코 유리하지 않았다.

　아, 그런데 여기서 주의할 점이 있다. 말해놓고 보니, 내가 공명정대한 사람처럼 보일 수도 있겠는데, 그건 아니다. 나는 편 가르기에 능한 보통 한국인인데 자신의 편을 절대시하는 진영 논리에 흠뻑 빠지지는 않는 유형의 사람이라는 정도로 이해하면 족하겠다. 그런데 세상은 진영 논리에 투철하지 않은 사람을 좋아하지 않는다. 정치인이건 정치평론가건 유튜버건 진영 논리에 투철한 사람이 인기를 끈다. 진영의 핵심에 권력과 돈이 집결되기 때문일 게다. 세상이 그런 걸 어쩌겠는가? 그럼에도 각자 생긴 대로 사는 법이다. 나는 역지사지를 포기할 뜻이 없다. 이 책도 바로 그런 결의의 산물이다.

　나는 '김어준 논쟁'은 '역지사지易地思之 논쟁'이라고 생각한다. 보수 쪽엔 김어준만큼 선전·선동 능력이 뛰어난 인물이 없다. 김어준의 독보적인 가치는 흔쾌히 인정할 필요가 있다. 그런데 보수 쪽에 김어준 같은 유능한 인물이 있다고 가정해보자. 그는 김어준처럼 수십만에서 수백만에 이르는 열광적인 지지자 또는 신도를 거느리고 있다.

이 '보수의 김어준'은 공영방송을 '진보 때리기'에 적극 활용한다. 진보가 거세게 항의하면 보수는 '민심'과 '시장 논리'를 내세우면서 그게 뭐가 문제냐고 오히려 큰소리를 친다. 그간 진보 진영은 이런 파렴치한 적반하장을 저지르면서 김어준을 옹호해왔다. 그래서 '김어준 논쟁'은 '역지사지 논쟁'이라는 것이다.

나는 과거 김어준, 즉 『딴지일보』 시절 김어준의 독보적인 가치에 찬사를 보냈던 사람이다. 그가 정치에 뛰어들려고 했을 때 제발 그러지 말라고 공개적으로, 간접적으로 말렸다. 정치는 그를 타락시키고, 그는 정치를 타락시킬 것이라고 보았기 때문이다. 정치에 뛰어들기 이전의 김어준을 '전기 김어준', 정치에 뛰어든 후의 김어준은 '후기 김어준'으로 부르기로 하자. '후기 김어준'은 지명도와 정치적 영향력에서 거물로 성장했지만, 그의 영혼은 피폐해졌다는 게 나의 생각이다. '전기 김어준'이 부르짖었던 '명랑 사회' 구현은 사라지고 온갖 음모론이 판을 치는 정치 무속의 세계가 열리고 말았다.

나는 기록에 충실하련다. 이 책은 「제1장 '명랑 사회'

구현의 선구자, 김어준(1998~2012)」, 「제2장 김어준의 '팬덤 정치'와 '증오·혐오 마케팅'(2012~2020)」, 「제3장 민주당을 장악한 '김어준 교주'(2021)」, 「제4장 김어준이 민주당과 한국 정치에 끼친 해악(2022)」 등 4개의 장으로 구성되어 있다. 제1장은 '전기 김어준'으로 김어준의 명암明暗 중 명明에 해당하는 글이다. 이 글은 내가 2012년 5월에 출간한 『멘토의 시대』에 실은 것인데, 10년 전에 내가 김어준에 대해 갖고 있던 호감을 그대로 살리는 게 중요하다고 생각해 당시 썼던 그대로 게재했다. 이 책의 중심은 제2장, 제3장, 제4장인 만큼 그 글을 읽었던 독자라면 그냥 건너뛰어도 무방할 것이다.

제2장, 제3장, 제4장은 내가 2022년 『신동아』에 3개월간(9월호, 10월호, 11월호) 연재했던 「'큰 무당' 김어준은 증오·혐오 본능에 불붙인 방화범인가」라는 글을 4배로 늘려 쓴 것이다. 물론 이 글은 '후기 김어준'에 관한 것이다. 그가 '정치 무당'이라고 부를 수 있는 재능과 역할로 '팬덤 정치'를 극단으로 밀어붙여 사실상 한국 정치를 타락시켰다고 보는 나의 관점과 주장이 담겨 있지만, 기본적으론 기

록에 충실하고자 했다.

　나는 김어준이 '명랑 사회' 구현을 위해 애쓰던 시절로 복귀하는 게 얼마든지 가능하다고 생각하며, 그게 그 자신을 위해서나 우리 모두를 위해 좋은 일일 거라고 생각한다. 단, 자신이 거물이 되었다고 여기는 권위주의와 그 바탕인 꼰대 의식을 버려야 가능할 것이다. 그가 유튜브·여론조사 업체의 운영자로서 다시 방식만 달리한 채 '증오·혐오 정치'의 선전·선동에 앞장서는 비극이 더는 일어나지 않기를 바란다.

2023년 1월

강준만

머리말 '김어준 논쟁'은 '역지사지 논쟁'이다 • 5

제1장 '명랑 사회' 구현의 선구자, 김어준 1998~2012

김어준은 '명랑 사회' 구현의 선구자 • 17 ‖ "조또, 씨바, 졸라, 열라, 욜라" 방법론 • 20 ‖ 김어준의 탁월한 멘토링 • 24 ‖ "서울대에 못 가 참 다행이다" • 26 ‖ 나꼼수로 진화한 김어준 • 29 ‖ "이명박은 사이코패스, 노무현은 남자 중의 남자" • 32 ‖ 곽노현과 노무현의 동일시 • 36 ‖ 김어준의 황빠·황빠빠 활약 • 40 ‖ 김어준에 열광하는 지식인들 • 44 ‖ 허지웅, "내가 김어준을 비판하는 이유" • 47 ‖ '나꼼수'야말로 정치 혐오의 극치 • 49 ‖ '쫄지 마 법칙' 의 함정인가? • 53

제2장 김어준의 '팬덤 정치'와 '증오·혐오 마케팅' 2012~2020

왜 정치평론은 '참 더러운 일'인가? • 59 ‖ 문재인과 김어준의 상호 공생 관계 • 62 ‖ 나꼼수를 위해 4·11 총선을 망친 문재인 • 65 ‖ 김어준은 정치평론가이자 플랫폼 사업자 • 69 ‖ TBS는 박원순·김어준에게 전리품이었나? • 71 ‖ 『한겨레』 절독'을 부르짖었던 김어준 팬덤 • 73 ‖ 김어준은 영적 지도자 • 77 ‖ 김어준은 '조국 수호 운동'의 총사령탑 • 80 ‖ 진중권·손석춘· 최승호의 김어준 비판 • 83 ‖ 김어준은 "언론·검찰 바이러스와 싸우는 의병장"? • 87 ‖ 김어준 출연료는 연간 5억 원? • 89 ‖ '정신적 대통령' 김어준의 파워 • 92 ‖ 도를 넘은 김어준의 오만방자함 • 96 ‖ "김어준의 눈에 들면 뜨고 눈에 나면 죽는다" • 99

제3장 민주당을 장악한 '김어준 교주' 2021

김어준을 민주당의 브레인으로 생각한 이해찬 • 105 ‖ 진보는 '보수의 김어준'을 용인할 수 있나? • 108 ‖ "김어준은 TBS의 '삼성전자' 같은 존재" • 111 ‖ 김어준의 박원순 성추행 피해자 모독 • 114 ‖ "김어준이 최순실보다 나쁘다" • 116 ‖ "서울시장이 김어준의 밥그릇이나 지켜주는 자리인가?" • 120 ‖ 선거 민주주의를 부정하는 〈김어준의 뉴스공장〉 • 122 ‖ 민주당 인사들의 낯 뜨거운 김어준 찬양가 • 124 ‖ '김어준 교주'를 모시는 신앙 공동체 • 127 ‖ "김어준은 라디오 업계의 국내 MVP 투수다" • 131 ‖ 김어준의 '닥치고 우리 편'에 열광하는 친문 팬덤 • 134 ‖ 여권의 실세 중의 실세가 된 김어준 • 137 ‖ "와 이 개놈XX들 진짜 열 받네" • 141 ‖ 김어준이 왜 민주당 대선 경선에까지 끼어드나? • 145 ‖ 김어준의 노골적인 이재명 선거운동 • 148 ‖ "대깨문 방송하려면 대깨문 후원금 받아라" • 151 ‖ 김어준의 '대장동 의혹' 편파 발언 • 155 ‖ 비방용 개그로 써먹은 윤석열 심리 분석 • 159 ‖ 왜 김의겸은 김어준을 닮기 위해 애쓰는가? • 163

제4장 김어준이 민주당과 한국 정치에 끼친 해악   2022

이재명 당선을 위한 김어준의 눈물겨운 몸부림 • 169 ‖ "김어준은 돈을 버는 사업가" • 174 ‖ "이재명 귀한 줄 알아야 된다" • 177 ‖ 음모론을 떠들지 않으면 입안에 가시가 돋나? • 180 ‖ 다시 '쥴리 의혹' 우려먹기 • 184 ‖ 대선 3일 전 '김만배 녹취록' 사건 • 188 ‖ 윤석열의 승리로 끝난 3·9 대선 • 192 ‖ 대선은 졌지만, '윤석열 증오'는 커졌다 • 195 ‖ 이재명 지지자들을 흥분시킨 김어준의 새 음모론 • 198 ‖ 김어준의 억지 '짤짤이 옹호론' • 202 ‖ "김어준은 윤석열 정권에 저항하는 잔 다르크" • 205 ‖ 김어준이 서해 공무원 가족에게 준 정신적 고통 • 209 ‖ "팬덤 정치를 굳건히 하려는 김어준의 화법" • 212 ‖ "김어준의 망상"을 비판한 개딸들 • 216 ‖ 서해 공무원 사건, 문재인이 김어준보다 나쁘다 • 219 ‖ "김어준 문제는 방송통신심의위원회 문제" • 222 ‖ 윤석열 퇴진 집회와 10·29 참사 • 225 ‖ 10·29 참사의 원인과 책임 공방 • 229 ‖ '보수 김어준'이 김어준식으로 진보를 공격해도 좋나? • 233 ‖ 더탐사의 '한동훈 스토킹'을 옹호한 김어준 • 235 ‖ "제2, 제3의 김어준이 우후죽순으로 생겨나고 있다" • 238 ‖ "김어준이 민주당에 끼친 해악이 너무 컸다" • 242 ‖ 김어준 회사의 "답정너 여론조사" • 245 ‖ TBS의 '공정성 평가를 위한 내부 조사' • 249 ‖ 김어준 "3년 6개월 후 돌아와 20년 진행할 것" • 252 ‖ 증오·혐오를 파는 상인들을 경계하라 • 255

주 • 262

'명랑 사회' 구현의 선구자, 김어준

● 다시 말씀드리지만, 이 글은 2012년 5월에 출간한
『멘토의 시대』에 실린 글이다. 10년 전에 쓴 글이라
는 걸 염두에 둬주시기 바란다.

김어준은 '명랑 사회' 구현의 선구자

이 글을 쓰기 전 내가 『인물과 사상 10』에 쓴 「'백이숙제'
·'사육신'식 운동관을 버리자: 『딴지일보』 총수 김어준」이
란 글을 다시 읽어보았다. 『인물과 사상 10』은 1999년 4월
에 출간되었으니, 지금부터 13년 전에 쓴 글이다. 『딴지일
보』를 "약간 사이코 기질이 있는 몇 놈들이 사회에 대해 시
덥잖은 자위 행위를 하고 있는 정도"로 보는 시각을 강력
반박하며, 『딴지일보』와 김어준을 적극 옹호하고 예찬한
글이다.

김어준을 보는 시각은 지금도 그대로지만, 이제 내가 김어준과 그의 주요 활동, 즉 나꼼수(나는 꼼수다)를 옹호하고 예찬해야 할 필요는 없어진 것 같다. 나꼼수는 한국 정치마저 좌지우지하는 엄청난 언론 권력이 되었고, 김어준은 그 권력의 최상층에 존재하는 교주의 자리에 올랐기 때문이다. 나는 그를 '교주형 멘토'로 보는데, 이는 결코 부정적인 의미는 아니다. 상호 묵계적으로 약속된 오락적 코드일망정 김어준과 그의 멘티들의 관계가 '교주 대 신도'의 관계로 설정되었다는 걸 나꼼수식으로 표현한 것에 지나지 않는다.

두말할 필요 없이, 교주형 멘토 김어준은 '명랑 사회' 구현의 선구자다. 그는 1998년 『딴지일보』를 창간하면서 "『딴지일보』는 인류의 원초적 본능인 먹고 싸는 문제에 대한 철학적 고찰과 우끼고 자빠진 각종 비리에 대한 처절한 똥침을 날리는 것을 임무로 한다"는 사시社是를 내걸었다. 그가 구현하고자 했던 '명랑 사회'란 무엇인가? "선진 조국 창조, 신한국 창조……이런 말에 너무도 오랫동안 속아왔기에 딴지가 새로 정립해 지향하는 21세기의 국가 모델

로서, 모든 국민들이 즐겁게 웃으며 명랑하게 생활할 수 있는 멋진 사회"를 뜻한다.

　　김어준은 명랑 사회 구현의 내용적 방법론으로 '엽기'를 택했는데, 이는 "발상의 전환, 주류의 전복, 왜곡된 상식의 회복, 발랄한 일탈"을 뜻하는 개념이었다. "억압됐던 성을 쾌활하게 발현시켜 낭심 빈혈을 치유하고, 좆선일보를 1등 하게 하는 유치 짬뽕의 극우 멘털리티를 갈아엎으며, 박통이 심어놓은 천민자본주의에 힘찬 야유를 퍼부어 명랑한 사회를 만들고자 하는 의지. 그게 엽기였다."[1] 김어준은 그 밖에도 『딴지일보』에서 자주 쓰는 몇 가지 어휘에 대한 정의를 내려주는 자상함을 보였는데, 세 가지만 더 살펴보기로 하자.

　　조또 "매우", "아주", "굉장히" 등의 평상적인 단어로는 그 정도를 제대로 표현해낼 수 없을 경우, 혹은 상황이 하도 기가 막히고 답답하여 "도대체", "대관절" 정도로는 그 심정을 제대로 표현할 수 없을 경우 뒤에 나오는 동사나 형용사를 강조하기 위해 쓰이는 부사.

씨바 차분하고 논리적으로 자신이 표현하고자 하는 바, 혹
은 주장하고자 하는 바를 설명해냈음에도 불구하고
여전히 뭔가 풀리지 않은 응어리가 가슴에 남아 있을
경우 전체 글의 종결구 또는 여흥구로 쓰이며, 때로는
"조또"와 함께 부사로 활용되기도 하는 의심어擬心語.

졸라, 열라, 욜라 명랑 사회를 반드시 구현하겠다는 사명감
을 가지고 열심히 뛰어가는 동적 자세를 표현하는 의
태어로 쓰이기 시작했으나, 이제는 "열심히", "바쁘
게", "억수로", "매우" 등등의 다중 의미를 가지게 된
단어.[2]

"조또, 씨바, 졸라, 열라, 욜라" 방법론

김어준과 『딴지일보』는 '명랑 사회' 구현을 위해 그 형식
적 방법론으론 "조또, 씨바, 졸라, 열라, 욜라" 등을 택한 셈
이었는데, 한마디로 재기발랄 그 자체라고 해도 좋을 정도
였다. 예컨대, "기존 언론은 딴지 음해를 즉각 중지하라!"
는 제목의 규탄 성명서를 보자. "특히 『한겨레21』은 본지

를 표현하는 데 있어 '똥색 언론'이라는 극단적인 표현을 서슴지 않아 앞으로 본지와의 정면 대결이 임박한 상황이다. 이 경우 단순히 언론 사주의 의도가 아니라, 『한겨레21』의 일부 엽기적인 기자들의 본지의 똥침 정신과 자신이 추구하고자 하는 기자 정신이 일치하자, 자신의 영역을 침범하는 데 위기감을 느껴 나온 일탈 행위로 보인다.……기존 언론들은 본지 탄압과 음해를 즉각 중지하라!!"[3]

「우리도 누드 비치를 만들자!」는 제안도 재미있다. "누드족Naturist 그들의 주장에 100% 동조하기 때문은 아니다. 결코 여성들의 저탱이를 맘껏 보기 위해서도 아니다.……그래 씨바……그건 조금은 있다.……울나라도 이제 제발 그 정도의 '파격'은 표시도 안 나게 너끈히 흡수할 수 있는 넙대대한 포용력의 나라였으면 정말 좋겠기 때문이다. 내가 동조하지 않는 것도 그 존재를 인정하고 함께 공존할 수 있는 사회……다양한 가치와 생각들이 주류와 틀리다는 이유로 박해받고 사장되지 않는 사회……그런 사회가 건강한 사회고 창조적인 기운이 넘치는 사회 아니던가. 배꼽티를 단속하는 우리나라에 절망감을 느낀다. 배꼽티 입는다고 우리나라 안 망한다. 누드 비치 있다고 우리 정신세계 파괴 안 된다. 오히려 그 반대다. 누드 비치를 만들자!"[4]

1999년 『시사저널』이 1년 동안 가장 영향력이 있는 언론 매체 순위를 조사했더니 『딴지일보』가 인터넷 매체로서는 처음으로 20위 안에 선정되는 놀라운 결과가 나타났다. 감격을 할 법도 하건만, 김어준의 반응은 이랬다. "아니 본지가 10위권 밖이라니……아니……씨바 이럴 수가……본지가……겨우……17위였다.……아……본지가 그동안 그 모든 탄압과 역경을 헤치며 고난의 민족 정론 행보를 이어왔건만 겨우 17위란 말인가."[5]

이 시절의 김어준에 대한 『딴지일보』 부국장 홍대선의 애정 어린 증언이 흥미롭다. 홍대선은 "졸리면 그 자리에서 자기 시작하고, 부하 직원에게 일 독촉을 받을 정도로 게으르고, 재미 삼아 직원들의 업무를 방해하고, 노골적으로 여자를 밝히며 검은 망사 스타킹을 찬양한다. 무엇보다 수시로 자신이 잘생겼다고 주장한다. 그는 양심도 없지만 두려움도 없다. 회사 경영이 안 좋을 때 가장 얼굴이 밝은 사람이 바로 경영자인 김어준이다"며 다음과 같이 말한다.

"근엄한 고위 권력자에게 무슨 팬티를 입었는지, 동성애와 포르노를 어떻게 생각하는지 묻는다. 권력의 심기를 건드리는 모습에 '잡혀갈까 무섭지 않냐'고 물으면 사식의 메뉴를 고민할 뿐이다. 김어준은 심각한 법이 없다. 그에게 즐겁지 않은 것은 죄다. 누구든지 그와 함께 있는 시간만큼 웃게 된다. 모든 회의는 스탠딩 코미디가 되어 끝난다. 『딴지일보』 특유의 유머는 그의 성격에서 유래한다. 김어준은 '함부로' 산다. 싫으면 관두고, 하고 싶으면 한다. 일과 취미가 구분되지 않는 그에게 삶은 유희다.……필자가 가장 부러워하는 김어준의 능력은 어떤 문제나 주제의 핵심에 누구보다 빨리 접근하는 것이다. 일견 복잡해 보이는 문화적·사회적 사안을 단순명쾌하고 시적인 문장으로 단박에 정리해낸다. 김어준은 언어를 효율적으로 사용한다. 그래서 사물과 현상, 인간을 '드러내는' 데 놀랍도록 탁월하다."[6]

김어준의 탁월한 멘토링

김어준은 『딴지일보』는 물론 『한겨레』 지면에서까지 오랫동안 인생 상담을 해온 진짜 전문 프로 멘토다. 그중 일부를 추려 묶어낸 책이 『건투를 빈다: 김어준의 정면돌파 인생 매뉴얼』(2008)이다. 인터뷰 전문 기자 지승호는 이 책에 대해 "『딴지일보』를 통해 수많은 폐인을 양산했던 이 놀라운 본능주의자이자 경험주의자는 자신의 경험을 바탕으로 체득한 삶의 기술을 '자기 객관화와 선택에 대한 책임'이라는 두 가지 코드로 풀어내고 있다"는 평가를 내린다.[7]

김어준의 인생 상담은 결코 친절하지 않다. 교주가 신도들에게 하사하는 설교 같다. 그래서 상담자를 찌질이로 보는 것이 아니냐는 의견도 있었지만, 교주 나름의 철학이 있다. 그런 의견에 대해 김어준은 "그건 사실대로 말하는 거지.(웃음) 고민 좀 있다고 해서 어린애 취급하면 안된다는 거야. 상담을 할 때 상대방은 나보다 훨씬 취약하고 열등하고 불안전한 존재로 상정한 다음에 하는 것이 아니고, '내가 조금만 잘못해도 이 사람은 자살하지 않을까'

라고 지레짐작을 하면 안 된다는 거지"라면서 다음과 같이 말한다.

"내가 정말 그렇게 생각하는 사람들은 그렇게 상담하지 않아. 일반적인 상담이 기만적이라고 생각하는 게, 상담 해주는 사람이 의뢰인에게 실제로는 그렇게 생각하지 않으면서 말은 되게 조심스럽고 우아하고 정제되게 한다고. 나는 그게 무례라고 생각한다는 거지. 그 사람이 찌질하게 행동했으면 찌질하다고 말해줘도 그 사람이 스스로 '나는 찌질했구나' 하고 충격을 흡수하고, 거기서 나름대로 껍질을 깰 자기 치유 능력이 있단 말이야. 찌질하면 찌질하다고 말을 해줘야 된다고. 다칠까봐 조심스럽게 하는 것은 애들 다루듯 하는 거거든, 그러면 안 된다는 거지. 나는 그 사람이 감당해야 될 몫이라고 생각하고, 내 맘대로 말하는 거지.(웃음)"[8]

김어준의 멘토링에서 중요한 건 형식과 내용이다. 매우 알차다. "행복에 이르는 방도의 가짓수가 적을수록 후진국이다"라거나 "사람이 나이 들어 가장 허망해질 땐, 하나도 이룬 게 없을 때가 아니라 이룬다고 이룬 것들이 자신

이 원했던 게 아니란 걸 깨달았을 때다"는 말은 그대로 교주의 경전에 옮겨놓아도 좋을 것 같다.[9]

"서울대에 못 가 참 다행이다"

'서울대에 못 가 참 다행이다'는 멘토링도 매우 실질적이다. "고백 하나 하자. 학창 시절, 나, 공부 좀 했다. 서울대, 당연히 가는 줄 알았다. 연고대는 공부 못하는 학생이 가는 곳인 줄 알았다. 물론 지금 생각하면 나도 재수 없다. 하지만 그땐 그렇게 생각했다. 그러다 결국, 못 갔다. 억울했다. 내가 획득한 학력고사 점수만큼의 사람이란 걸 받아들일 수가 없었다. 해서 이런저런 핑계도 찾았다. 실수를 했다느니 따위의. 실수를 최소화하는 게 결국 실력이란 걸 인정하기까지 몇 년이 걸렸다."

김어준이 그 대신 얻은 게 자유다. 그래서 『딴지일보』도 창간할 수 있었다. "그럴 수 있었던 건 부모를 비롯한 주변 사람들이, 공부 잘하는 아이였던 시절 내게 걸었던 기대들을, 어느 순간부터 저버렸기 때문에 가능했다는 것 역시 알게 되었다. 난 더이상 부모나 주변 사람들의 기대나 평균적인 사회 인식을 내 행동의 기준으로 삼지 않고 있었다. 그렇다고 의식적으로 그렇게 노력한 건 아니었다. 그저 그런 것들을 잊고 살았던 게다. 그제야 비로소 서울대에 떨어진 것이 얼마나 다행인지 진심으로 깨닫게 되었다."[10]

'장애우'란 신조어에 대해 이의를 제기하는 것도 매우 신선하다. 김어준은 "'장애자'나 '장애인'이란 호칭엔 비하의 뉘앙스가 있다며 몇 년 전부터 그 대안으로 만들어진 이 단어는 그동안 우리 사회가 장애를 가진 사람들을 홀대했다는 죄책감을 담고 있다. 애초 선의에서 출발한 게다. 그러나 이 호칭은 장애인들에 대한 차별을 오히려 강화시키고 만다"며 다음과 같이 말한다.

"이 호칭은 장애인을 스스로 주체가 아니라 비장애인의 친구로서, 그러니까 상대적 객체로서만 존재케 하기 때문이다. '장애우'는 장애인 스스로는 쓸 수가 없는 말이다. 나는 '누구다'가 아니라 나는 '비장애인의 친구다'라고 말하라는 거니까. 게다가 장애인들더러 모든 비장애인들이 나서서 당신 친구를 해줬으면 좋겠는지 물어는 봤나. 그들이 왜 모든 비장애인들이 나서서 친구가 되어주는 걸 바랄 거라 여기는 건가. 그들은 불쌍한 존재니까? 이런 단어를 만든 당사자들은 상대방의 신체 기능 일부가 고장 났다는 이유만으로 그의 친구가 정말 되고 싶은가? 이 무슨 시건방진 은혜인가. 이런 호칭으로 심리적 부채나마 덜어보려는 거, 이해 못 할 바는 아니다. 하지만 이런 호칭은 자기 마음 편하자고 정작 장애인들을 시혜의 대상으로 만들어 지속적으로 구분 짓고 그로 인해 그들에 대한 차별을 강화시키고 만다."[11]

『건투를 빈다』의 총론적인 결론은 이렇다. "많은 이들이 자신이 언제 행복한지 스스로도, 모르더라. 하여 자신에게 물어야 할 질문을 남한테 그렇게들 해댄다. 자신이 어떤 사람인지, 그런 자신을 움직이는 게 뭔지, 그 대가로 어디까지 지불할 각오가 되어 있는지, 그 본원적 질문은 건너뛰고 그저 남들이 어떻게 하는지만 끊임없이 묻는다. 오히려 자신이 자신에게 이방인인 게다. 안타깝더라. 행복할 수 있는 힘은 애초부터 자기 안에 내재되어 있다는 거, 그러니 행복하자면 먼저 자신에 대한 공부부터 필요하다는 거, 이거 꼭 언급해두고 싶다."[12]

나꼼수로 진화한 김어준

김어준은 진화한다. 끊임없이 진화한다. 형식은 계속 자유분방을 치닫지만, 주제와 내용은 점점 진지하고 심각해진다. 그가 주도해 2011년 4월 말 창업한 팟캐스트 방송 '나는 꼼수다(나꼼수)'는 '민주언론상'까지 받을 정도로 개혁 진영의 뜨거운 지지를 누렸다. 나꼼수는 방송 1회당 평균 600만 건의 다운로드를 기록하는 '권력'으로 부상해 19대 총선 국면에서 민주통합당에 절대적 영향력을 행사했다. 어찌하여 이런 일이 가능했을까? 나꼼수 4인방에게 "나꼼수의 흥행 이유는 무엇이라고 보는가?"라는 질문을 던졌더니 이런 답들이 나왔다.

주진우는 "오직 가카. 팩트 그리고 위로"라고 했고, 김용민은 "난해한 정치를 원초적 본능(금욕, 성욕, 식욕)으로 풀어냈다"고 했다. 김어준의 답은 좀 길다. "당연히 가카. 거기 더해 애티튜드. 쫄지 말라는. 그러한 태도 자체가 절절한 위로가 되는 시대다. 그래서 웃으면서 운다. 그리고 네 사람이 각기 살아온 삶. 자기 콘텐츠는 결국 자기가 삶을 상대하는 태도로부터 나온다. 정보는 그 위에 얹히는 토핑일 뿐이다. 마지막으로 화법. 자신이 얼마나 옳고 똑똑한지를 입증하기 위한 화려한 화술이라는 의미가 아니라 애티튜드, 정보, 해학, 캐릭터, 진심이 화학 결합해 만들어내는 합목적적인 전달력. 전달되지 않는 메시지는 아무리 많은 사람이 모여 크게 외쳐도 독백일 뿐이다."

정봉주의 답은 조금 더 길다. "듣고 싶은 얘기가 아니라 내가 하고픈 얘기를 대신 해주는 데 대해 카타르시스를 느끼는 것 아닐까. 또 하나는 울분. 이것이 분명하다고 확신을 하지만 술좌석에서 아무리 얘기해봐야 열만 받는데 나와 똑같은 콘텐츠가 방송이라는 신뢰의 무기로 치장을 하는 순간에 나의 울분은 정의감으로 전환되는 것이다. 확인되는 내 울분 그리고 정의감으로서의 전환에 엄청난 희열을 느끼는 것. 그리고 부끄러운 자화상에 대한 반성문 성격도 있는 것 같다. 다들 자기 검열하면서 촛불 이후를 살았다. 그런데 그런 두려움에 아랑곳하지 않고 하고픈 얘기를 지껄여대는 인간들을 보면서 부끄러운 내 모습이 오버래핑되는 거지. 이러지 말자. 이거라도 열심히 듣는 것이 반성문 쓰는 것이다 하면서."[13]

김어준은 지승호와 같이 2011년 10월에 출간한 『닥치고 정치: 김어준의 명랑시민 정치교본』에서 나꼼수와 관련된 자신의 모든 것을 아낌없이 드러낸다. 이 책은 "팟캐스트 세계 1위에 빛나는 '나는 꼼수다' 김어준", "무학의 통찰로 파헤친 전율의 2012년 정치 메가트렌드 전망" 등과 같은 슬로건과 함께, 김어준이 교주로 등극할 수 있었던 이유를 다음과 같은 교주 설법을 통해 밝힌다.

"과거 군사정권은 조직 폭력단이었어. 힘으로 눌렀지. 그런데 이명박은 금융 사기단이야. 돈으로 누른다. 밥줄 끊고 소송해서 생활을 망가뜨려. 밥줄로부터 자유로운 사람은 없다. 힘으로 때리면 약한 놈은 피해야 해. 그건 부끄러운 게 아니야. 피하고 뒤에서 씨바 거리면 돼. 그런데 밥줄 때문에 입을 다물면 스스로 자괴감이 들어. 우울해져. 자존이 낮아져. 위축돼. 외면하고 싶어. 그러니까 지금 이 시대가 필요로 하는 건, 위로야. 쫄지 마! 떠들어도 돼, 씨

바. 그런 자세는 그 자체로 사람들에게 위로가 된다."

이 책은 김어준의 평소 매력이라 할 해악과 위악도 남김없이 드러낸다. "사전 경고한다. 다음 페이지부터 펼쳐질 내용, 어수선하다. 근본도 없다. 막 간다. 근본 있는 자들은 괜히 읽고 승질내지 말고 여기서 덮으시라. 다만 한 가지는 약속한다. 어떤 이론서에도 없는, 무학의 통찰은 있다. 물론, 내 생각이다. 반론은 받지 않는다. 열 받으면 니들도 이런 거 하나 쓰든가."[14]

"이명박은 사이코패스, 노무현은 남자 중의 남자"

김어준의 통찰은 무학의 통찰인가? 아니다. 그에겐 유학의 통찰이 있다. 그의 통찰은 유학에 기반하되 무학적 본능과 직감의 언어로 표출된다. "정치인 강금실을 보면서 느낀 안타까움은, 참 똑똑한 사람인데 정치인으로서의 역할보다 자기가 더 커. 자기의 자의식이 더 커. 물론 바로 그 점이 자연인으로서는 매력으로 작용했지만."[15]

표현 능력이 참으로 대단하지 않은가. 김어준은 문재

인의 핵심을 '애티튜드의 힘'으로 평가했던 것처럼, 조국의 『진보집권플랜』에 대해서도 서문을 읽자마자 든 첫 생각은 "조국은 사람이 너무 올발라, 지나치게 올발라"였다고 단칼에 정리한다. 그는 조국의 매력에 대해 다음과 같이 말한다.

"이 사람이 가진 전부가 매력이지. 생긴 것부터. 일단 여자들이 좋아하게 생겼잖아. 여자들은 이 정도로 생긴 대통령을 갖고 싶어 해. 여자들은 이명박이 어디다 내놔도 부끄러운 대통령이야.(웃음) 외국 정상들과 나란히 서 있는 장면, 보기 힘들어해. 외국에 안 나갔으면 좋겠다고.(웃음) 하지만 조국은 아니잖아. 이게 얼마나 큰 자산이야. 오세훈도 바로 그 지점에서부터 먹히기 시작한 건데. 조국, 이 남자는 키도 크고 잘생기고 목소리도 좋고 학벌도 좋고 생각도 올바르고 내용도 있고 품위도 있고. 이만한 자산을 패키지로 갖춘 진보 인사는 없었다고. 이런 스펙에 이런 외모에 이런 마인드의 사람이, 이 시국에 존재한다는 것 자체가 진보 진영에 엄청난 자산이지. 현 시국에서 조국이 있는 것과 없는 것의 차이가 있다고. 조국만 할 수 있는 역할이 있어."[16]

본능과 직감의 차원에선 가슴 깊이 와닿을망정, 애써 이성을 호출해낸다면 김어준은 지독하게 편파적이라는 느낌을 떨치기 어렵다. 이명박의 생김새를 들어 "어디다 내놔도 부끄러운 대통령"이라고 보는 김어준이 이명박에게 고운 언어를 쓰는 건 애시당초 그른 일이다. 그는 "이명박을 논평할 수 있는 사람들은 정치학자들이 아니라 정신병리학자들이라고 봐.……사람 자체가 욕망이 말라붙어서 딱지가 졌어, 그 딱지가 정치를 하고 있는 것 같아"라면서 다음과 같이 말한다.[17]

"MB가 가장 결여된 것이 감정이입의 능력이야. 결정적으로 결여된 게 그건데, MB가 어떤 상태에 대해 코멘트를 하더라도 알맹이가 없는 발언들을 하잖아. 붕 떠 있어. 땅바닥에 발이 붙어 있지 않아. 원인을 들여다보니까 상대방이 왜 그런지 이해를 못해. 상대방 입장에서 사안을 바라보는 능력이 없는 거야. 감정이입 능력이 결정적으로 결여된 것이 사이코패스잖아.(웃음)"[18]

이명박을 사이코패스로까지 몰아가는 그의 편파성은 노무현에 이르러선 정반대의 편파성으로 치닫는다. 그래서 그는 타의 추종을 불허하는 노빠가 되었다. 그런데 노빠가 된 주된 이유도 '남자다운 남자'라는 콘셉트다. 논문을 그렇게 쓴다면 황당한 일이겠지만, 김어준은 논문을 혐오한다. 대중도 논문을 혐오한다. 그래서 교주의 그런 이론은 신도들에게 황당하게 들리기는커녕 본질을 제대로 짚어준 것으로 간주된다.

"그래, 나 노무현 좋아. 난 자연인 노무현보다 남자다운 남자를 본 적이 없어. 나보다 남자다워.(웃음) 난 서른 중반이 되어서야 비로소 남자가 다 됐어. 그전엔 나도 부분적으로 찌질했어.(웃음) 하여튼 난 그런 사람 처음 봤고 아직까진 마지막으로 봤어.(웃음) 아, 씨바, 노무현 보고 싶다. 이명박 같은 자가 그런 남자를 죽이다니. 도저히 참을 수가 없어. 내가 노무현 노제 때 사람들 쳐다볼까봐 소방차 뒤에 숨어서 울다가 그 자리에서 혼자 결심한 게 있어. 남은 세상은, 어떻게든 해보겠다고. 그리고 공적 행사에선 검은 넥타이만 맨다. 내가 슬퍼하니까 어떤 새끼가 아예 삼년상 치르라고 빈정대기에, 그래 치를 게 이 새끼야,(웃음) 한 이후로. 봉하도 안 간다. 가서 경건하게 슬퍼하고 그러는 거 싫어. 체질에 안 맞아.(웃음) 나중에 가서 웃을 거다."[19]

곽노현과 노무현의 동일시

김어준은 곽노현 사건 때 그에게서 노무현을 발견하고, 과거 수구세력과 더불어 노무현을 비난했던 진보주의자들에 대한 반감을 드러낸다. 곽노현 사건은 '전형적인 진보 인사 죽이기 코스'이며, '노무현 죽이기'와 닮은꼴이라는 게 그의 주장이다.

김어준은 "제가 『딴지일보』를 무려 14년간 해오면서 수많은 진보적 글쟁이들, 혹은 진보 인사들을 만났기 때문에 그분들의 심리를 잘 압니다. 어떤 심리가 있냐면 '나는 같은 편도 비판할 만큼 공정하다. 합리적이다' 이런 말을 하고 싶은 거예요. 그래서 뭔가 잘못이 나오면 진보 매체, 가장 진보적인 진영이 먼저 공격을 해요"라면서 다음과 같이 말한다.

"이런 심리를 더 들여다보면 사실은 굉장히 비겁한 겁니다. 도망가는 거예요. 같은 편이라고 편들어줬다는 소리 들으면 어떻게 하지? 편들어줬다가 뭐가 나오면 어쩌지? 그러니까 교과서에 나오는 원론을 이야기하는 거죠. 에이, 씨바. 그런 말은 누가 못해. 사실, 노무현 대통령도 우리가 같은 방법으로 보냈습니다. 노무현 대통령이 아무리 '몰랐다'고 말해도 믿어주지 않았죠. 가장 먼지 진보 미디어가 깝니다. 더 비아냥거리고. 1억 원짜리 시계를 논두렁에 버렸다는 이야기, 완전 개뻥이에요. 그런데 그런 이야기를 막 퍼트릴 때 진보 미디어에서는 반박을 못합니다. 오히려 먼저 나서서 비판을 해요. 이런 생리를 보수 미디어가 더 잘 압니다. 그래서 검찰이 흘리고 보수 언론이 야금야금 생중계를 하고, 포털에 알바 풀고. 그러면 진보는 쫍니다. 그러니까 교과서로 돌아갈 수밖에 없는 거예요. 그 피해가 우리 편으로 돌아올까봐. 이렇게 해두면 최소한 자기는 공정한 게 되니까."[20]

당시 논란의 핵심이 "노무현 대통령이 아무리 '몰랐나'고 말해도 믿어주지 않았"던 것이었을까? 놀라운 사실 단순화와 왜곡이지만, 이미 나꼼수의 청중은 교주의 그런 설법을 받아들일 만반의 준비가 되어 있는바, 문제될 건 전혀 없다. 게다가 진보 미디어는 노무현의 서거 이후 급변한 민심에 따라 이전의 비판적 보도를 사죄하는 자세를 취했던 만큼 자신들의 '만행'에 대한 김어준의 분노가 그 수준에서 멈춰준 것에 대해 감사해야 할 일일 게다.

그런데 정작 흥미로운 건 김어준이 자신의 노빠 발언은 사적 감정과는 무관하다고 주장한다는 것이다. 흥미롭다는 것은, 이건 전혀 평소의 김어준답지 않은 어법이기 때문이다. "그래, 나 사적 감정으로 말한다. 어쩔래? 너도 억울하면 그렇게 해!"라고 말하는 게 김어준 어법의 매력일 텐데 말이다.

"난 내가 못 가진 것 빼고, 가진 것 중에 스스로 가장 괜찮다 생각하는 게, 선천적인 균형 감각이야, 믿든 말든.(웃음) 키 큰 사람이 있듯 그냥 운 좋게 타고났어. 이런 소리 하면 또 황우석 박사 이야기 나온다.(웃음) 황 박사 사건은 인간이 저지른 과오를 악마적 의도라고 단정하는 진영 논리로, 저지른 잘못에 합당한 징벌을 상회하는 결과적 폭력이었다고 여기지만, 그래서 그저 생래적 보수성을 타고났을 뿐인 불완전한 인간 하나를 사회적 걸레로 용도 폐기하는 진보의 잔인한 비인간성을 목격한 것이라 생각하지만, 그 이야기를 하는 순간 또 하나의 책이 만들어져야 하니까, 그건 그냥 내가 욕먹고 말게.(웃음)"[21]

사실 김어준은 황우석 사건 때 상당한 상처를 받았다. "저 새끼는 파시즘적인 성격도 강하고, 국가주의자고, 민족주의자고 이런 식의 비판을 많이 받았는데, 일일이 아니라고 말하기도 어렵고, 내가 황우석에 대해서 해명했던 것으로 인한 비용은 지불해야지. 어떻게 일일이 쫓아다니면서 아니라고 얘기해."[22]

그런데 김어준은 황우석 사태 때 왜 그렇게 뜨거웠을까? "나는 여러 가지로 황우석이 잘못됐다고 생각해. 단 한 가지 황우석을 옹호하는 지점은 뭐냐 하면 황우석이 저지른 잘못 이외에 황우석이 저지르지 않은 잘못이거나 남의 책임인 부분까지 황우석이 뒤집어썼다는 거야. 거기서 여전히 부당한 지점이 있다고 생각해. 그 사람이 잘했던 부분도 분명히 있고, 그 사람이 잘했던 부분과 그 사람이 잘못하지 않은 부분에 대해서 해명한다고 해서 그 사람이 잘못한 부분이 줄어드는 것도 아니거든.……그때는 오버하는 줄 알면서도 오버할 수밖에 없었어. 가만히 있으려고 하니까 너무 비겁한 것 같은 거야."[23]

김어준의 황빠·황빠빠 활약

당시 황우석 지지자들을 가리켜 '황빠'라고 했는데, 김어준의 '오버'엔 혹 황빠의 주력 세력이 노빠였던 것과 관련이 있었던 것은 아닐까? 고려대학교 교수 최장집은 "황우석 사태는 노무현 정부 과학 정책의 산물"이라고 규정한 뒤 "무언가 업적을 만들어야 한다는 강박관념과 한국을 생명공학의 중심으로 내세우고자 했던 과학 정책 사이에 밀접한 상관관계가 있다"고 평가했다. 그는 "정부의 열정이 애국주의와 결합하면서 '총화단결'을 부르짖는 듯한 유사 파시즘적 분위기를 연출했다"며 "심지어 과거 민주화 운동 세력의 일부가 극우 세력과 연대하는 모습까지 보였다"고 비판했다.[24]

　　노무현의 '정치적 경호실장'을 자처한 열린우리당 의원 유시민의 MBC 〈PD수첩〉 비난 발언도 그런 맥락에서 이해할 수 있는 사건이었다. 유시민은 "언론 자유가 너무 만발해 냄새가 날 지경이다"고 했는데, 이게 노빠들의 총궐기를 유도함으로써 노빠가 황빠로 전환하는 데에 영향을 미친 건 아니었을까? 김상호는 친노 인터넷 사이트 『서프라이즈』에는 매일 황우석을 옹호하는 글이 올라왔다며, 자신들을 '개혁의 횃불'이라고 소개하고 있고 박정희의 '한국식 경제개발'과 삼성의 '한국식 경영'을 맹렬하게 비난했던 이들이 '음모론'을 생산해내는 것을 넘어서 황우석을 정당화하는 것으로 나아간 건 경악스러운 일이었다고 말했다.[25]

그러나 노빠 겸 황빠들에겐 나름의 '명분'이 있었다. 예컨대, 노빠들의 지도자 노릇을 했던 서영석은 "'황까'에 열을 올리는 사람들은 하나같이 이 사회의 강자들이며, 그에 격렬하게 저항하는 '황빠'는 바로 이 사회의 약자들"이라고 주장했다.[26]

이때에 김어준의 활약도 두드러졌는데, 그는 「황우석 사태, 이제 그만 닥치자」라는 『한겨레』 칼럼에서 〈PD수첩〉에 대해 할 말이 있다고 했다. "첫 방송, 취지, 옳다. 그러나,

생명 윤리가 진정 걱정됐다면 황 박사가 거짓말쟁이임을 입증해내는 사회 고발이 아니라, 우리네 연구 환경과 조건의 어떤 점이 미비해 거짓말할 수밖에 없었나를 밝히는 다큐멘터리였어야 했다. 사람들 격한 반응, 애국주의 탓만 할 게 아니다. 모두가 믿던 걸 하룻저녁에 전복시키는 데 팩트만으로 충분한가. 화법이 싸가지 없으면 내용 전에 열부터 받는 게 커뮤니케이션이다. 사람들은 팩트 이전에 그 문법에 설득되지 못한 거다. 똑같은 내용, 안타까워하며 차분히 짚는 디스커버리 다큐멘터리였다면, 달랐다. 〈PD수첩〉이 취한 최초의 자세 달랐다면, 그 이후 모든 것이 달랐다."

그는 이런 말도 했다. "물론, 황 교수에 대한 대중의 열광이 가진 쇼비니즘 색채, 짙다. 그러나, 대중의 감정이입을 멍청한 착각이고 위험한 파시즘이라고만 단정하는 게으르기까지 한 관성적 비판과, 영웅적 캐릭터로부터 위무 받고 대리만족 느끼던 대중을 간단히 애국주의로 괄호 치는, 그 야박하고 오만한 이성주의가 난 훨씬 더 재수 없다."[27]

이 글에 대해 〈PD수첩〉 CP 최승호는 좀 어이없어 했다. "저희가 취재하여 방송한 내용은 전부 사실로 드러났

습니다. 그럼에도 불구하고 상당히 많은 사람들이 〈PD수
첩〉을 여전히 비난하고 있습니다. 알 만한 분들이 지금도
그러고 계세요. 오늘 『딴지일보』의 김어준 씨가 『한겨레』
에 쓴 글을 보니까 아, 참······(웃음) 어떻게 그렇게 생각을
하실까 하는 생각이 듭디다."[28]

『한겨레21』 2006년 2월 14일자는 '황빠빠'의 등장
을 알렸다. "황우석을 믿는다는 쪽을 믿는다"는 쪽이 황빠
빠라고 했다. 이 계열에 속하는 것으로 간주된 김어준은
"사기를 쳤다면 사기죄만 단죄해야지 지금의 몰아치기 여
론은 (황 교수에게) 살인죄까지 덮어씌우는 양상이므로 이
를 의심해보자는 것"이라고 주장했다.[29]

김어준은 "충분히 훈련된 이데올로그들이 황우석의
유명세와 박정희의 권력을, 그때 거론되는 국익과 박정희
의 성장주의를, 그 지지자들의 오버와 박정희 지지의 파시
즘을 그리도 손쉽게 등치시키는 그 나태한 로직의 관습성
에 화가 난다. 게으르다. 오만하다. 방송국에서 쓰이는 빨
간 마이크 보고 방송국에 침투한 빨갱이들의 적화를 떠올
리던 『한국논단』의 자동 연상과 본질적으로 무에 그리 다

른가"라고 항변했다.

"어느새 서울대가 피해자가 되고 미국이 정의가 되고 방송국이 약자가 되는 구도에 진보 진영이 절대 기여하는 이 웃지 못할 아이러니의 자초지종은 정말 제대로 헤아려 보기는 했는가 말이다. 정치하지 못한 대중 언어와 세련되지 못한 대중 액션을 오로지 파쇼의 그것으로 해석하고 말아버리는 나태와 오만은 사태 초기 토해놓은 스스로의 말들 때문인가. 그거야말로 진보 진영이 그리도 학을 떼던 극우 꼴통의 단골 코스 아니던가.……내가 범 '우리 편'이라 굳건히 믿는 『한겨레』, 『오마이(뉴스)』, 『프레시안』의 늙은 진보가 슬프다. 그래서 쓰고 또 쓴다. 황우석 구실 삼아 쓰고 또 쓴다. 정체된 진보는 보수다. 씨바."[30]

김어준에 열광하는 지식인들

사실 김어준의 '우리 편'인 『한겨레』, 『오마이뉴스』, 『프레시안』이 등을 돌리면 천하의 김어준 교주라도 어떻게 해보기가 힘들다. 그러나 시간이 흐르다 보면 그들도 환호할

주제가 나오기 마련이고, 그렇게 해서 양쪽을 다시 찰떡처럼 붙여줄 접착제로 등장한 게 바로 이명박이다.『한겨레』,『오마이뉴스』,『프레시안』의 지원을 받는 나꼼수에 김어준 특유의 통찰과 말빨이 가해지니, 이거야말로 명실상부한 교주의 등극이 아닐 수 없겠다.

　　대진대학교 철학교수 김성환은『나꼼수로 철학하기』에서 김어준과 나꼼수에 대해 아낌없는 찬사를 보냈다. "김어준은 신의 나라 하늘에 살지 못하고 인간의 나라 땅을 떠돈 디오니소스와 닮았다." "나꼼수는 '의심에서 출발하기'라는 철학의 기본기를 훌륭하게 보여준다." "서태지가 랩과 메탈을 결합한 것처럼 김어준은 데카르트와 흄을 결합한다.……이토록 뛰어난 창의력이 어디서 나올까?" "나꼼수처럼 똑똑해지려면 논리학을 배우고 익혀야 한다." "김어준은 99%의 벗, 휴머니스트고 낭만주의자다."[31]

　　경희사이버대학교 미국학과 교수 안병진은『한겨레』칼럼에서 "'나꼼수'를 단지 술자리 심심풀이 '구라'나 '심층 탐사 보도'로만 이해하는 분들은 김어준의 진정한 위력을 반만 아는 것이다. 그는 한국 정치심리학의 새 지평을

연 탁월한 지식인이다"고 평가한다.

이어 안병진은 "그간 왜 한국의 대부분 진보 진영들은 김어준과 달리 자주 정치 예측에 실패하게 될까? 왜냐하면 시민의 구체적 삶과 자신들의 이념을 부단히 조응하려 노력하지 않거나 인생의 복합성을 이해하지 못하기 때문이다. 이들은 자신이 시민을 사랑하는 이유와 반대로 시민들이 자신을 사랑하는 이유가 다를 수 있다는 것에 대해서조차 별로 생각해본 적이 없다. 또 어떤 이들은 질투심에 눈이 멀어 김어준의 분석은 친노의 정치적 결론이라 비난한다"며 다음과 같이 주장한다.

"세상에, 이들은 분석이 현실의 추이와 일치하느냐를 먼저 따지기보다 낙인을 찍는 것으로 승리한다고 보는 모양이다. 일부 진보파들의 불편한 속내에도 불구하고 앞으로 김어준 현상은 더 강해질 것이다. 왜냐하면 이제 깨어 있는 시민들은 정치 엘리트들의 내공의 수준을 파악하게 되고 소셜네트워크 등 자신들의 엄청난 무기의 위력과 맛을 알게 되어 본격적으로 정치가들을 통제하려고 시도할 것이기 때문이다. 시민 정치가 만들어내는 안철수, 문재인 현상은 이러한 새 정치 문법 속에서 움직인다. 김어준의 나꼼수 방송과 『닥치고 정치』 신간엔 내년 누가 대통령이 될지의 비밀과 다양한 정치 이론으로 발전할 가공되지 않은 원석이 보물처럼 들어 있다."[32]

허지웅, "내가 김어준을 비판하는 이유"

그러나 김어준의 이명박 비판에서 예전의 황빠 시절 김어준의 모습을 다시 보는 이들도 있다. 2011년 10월 칼럼니스트 허지웅은 『시시IN』에 기고한 「내가 김어준을 비판하는 이유」라는 글에서 "김어준은 '닥치고 씨바' 우리 시대의 모세다. 김어준이 하나님, 아니 그러니까 시민의 힘과 상식의 무결성이라는 말씀을 허락받아 '나는 꼼수다'라는 석판을 들고 도래했다"며 다음과 같이 말했다.

"김어준이 하나님과 일촌을 맺는 데에는 불타는 떨기나무 대신 안철수나 박원순, 곽노현이라는 아이콘이 동원된다. 이 세계관 안에서는 대마왕 이명박이라는 절대 악의 집권 혹은 나경원류 버섯돌이의 저열함이 보장되기 때문에 유대 민족, 아니 그러니까 '아름다운 시민'이 석판의 순결함에 중독될 수밖에 없다. 석판의 위계에 반박하면 아무튼 전부 때려죽일 놈인 거다. 시민의 힘! 상식의 위대함! 지금 당장 이 부글거리며 끓어오르는 시민 혁명에 동참하라. '나는 꼼수다'는 '우리 꼼꼼한 이명박 대통령님이 그럴 리가 없다'는 조롱으로 반을 채운다. 나머지 반을 저널리즘에 기초한 생산적인 지적에 할애하는 경우도 있다. 그러나 김어준이 마이크를 잡으면 이야기가 달라진다. 과거 황우석이나 심형래 광풍의 사례에서 보여주었듯, 김어준은 민중이라는 단어의 중독성에 몸을 의탁한 사람이 듣기 좋아할 만한 말만 골라 하는 방법으로 반지성주의에 기반해 지성인으로서 지분을 획득한다. 지식인 까면서 지식인이 되는 기적에 능한 것이다. 곽노현 눈을 본 적이 있느냐, 곽노현이 어떤 사람인지 아느냐, 곽노현은 결코 그럴 사람이 아니다, 만나본 사람은 안다 따위 말을 늘어놓는다."

이어 허지웅은 "김어준의 문장은 선과 악이 대립하다가 결국 대체 왜 믿지 못하느냐라는 타박으로 끝을 맺는다. '내가 나름 언론사 사주이고, 그래서 글쟁이 욕망을 잘 아는데, 그러는 거 아니다. 왜 믿을 만한 사람을 믿지 못하고 당장의 허물을 꾸짖으며 절대 악 진영의 지속 가능성에 종사하냐'는 거다"며 다음과 같이 말했다.

"김어준의 말을 경청하는 사람이 모두 그를 신봉한다는 듯 싸잡지 말라는 말로 이 글을 비판할 수 있겠지만, 중요한 결점과 명백한 위험을 전제하고 있는데도 단지 그것이 듣기에 통쾌하거나 재미있다는 이유만으로 옹호한다면, 거대 교회에 꼬박꼬박 출석하는 회의주의자의 느슨하고 이율배반적인 경계심과 뭐가 다른지 잘 모르겠다. 여기에는 명백히 종교적인 선동이 존재하고 있다. 이에 저항할 최소한의 의지를 드러내지 않으면서 시민의 힘 운운하는 건 당신들이 가장 듣기 싫어하는, 그러니까 '빠'가 되는 지름길이다."[33]

'나꼼수'야말로 정치 혐오의 극치

김어준이 주장하는 자신의 '선천적 균형 감각'을 믿어야 할까? 그런데 믿건 안 믿건, 김어준의 취약점은 사실 전혀 다른 곳에 있다. 김어준은 『닥치고 정치: 김어준의 명랑시민 정치교본』을 이런 말로 끝낸다. "이 긴 대화를 끝내며 이제 마지막으로 가장 중요한 한마디를 해두고 싶다. 나는 잘 생겼다! 크하하하."[34] 이건 결코 가볍게 넘어갈 일이 아니다. "나는 잘 생겼다! 크하하하"는 김어준을 보호해주는 갑옷과 같은 것이기 때문이다. 그 대목을 읽는 순간, 나 역시 "크하하하" 웃으면서 김어준의 마력 같은 매력에 넘어가지 않을 수 없었다.

김어준의 그런 매력은 『딴지일보』와 인생 상담에 머무를 때엔 '교주의 아우라'에 눈이 부신다고 해도 좋을 정도로 빛을 발하지만, '나꼼수 시대'에 이르러 현실 정치에 깊숙이 개입할 때엔 좀 다른 성격을 갖게 된다. 각기 장場의 문법이 크게 다르기 때문이다.

박성민은 나꼼수와 김어준에 대해 "그 방식에 대한 평가는 차치하고라도 정치를 말하는 지식인이 스타가 되고, 베스트셀러 작가가 되었잖아요. 정치가 재미있을 수도 있고, 좀더 속물적으로 말해서 잘만 포장하면 장사도 된다, 이런 사실을 대중에게 생생히 알려준 것입니다"라면서 이

렇게 말한다.[35]

"'나는 꼼수다'를 백번 듣는다 한들 세상은 아무것도
변하지 않아요. 하지만 현실 정치에서 할 수 있는 일이 없
으니 주야장천 '나는 꼼수다'나 듣고, 그러고도 분이 안 풀
리면 촛불을 들고 광장으로 나가는 것이죠. 그리고 또 아무
것도 바뀌지 않은 세상에 절망하고요."[36]

나꼼수가 SNS 바람과 맞물려 정치 혐오의 장벽을 허
물고 있다는 시각이 있지만,[37] 당파적 차원을 넘어서 보자
면 정반대의 해석도 가능하다. 나꼼수가 누리는 인기의 비
결이 금기를 넘어선 욕설·독설, '정치 담론의 개그화', 폭
로와 '음모론의 상품화'라는 것을 감안컨대, '나꼼수'야말
로 정치 혐오의 극치를 보여준 것일 수도 있다.

경희대학교 영미문화과 교수 이택광은 나꼼수의 서
사 구조를 음모 이론으로 풀이한다. 그는 "현실에 대한 파
악이 쉽지 않기 때문에 나름의 가설을 세우고 그에 맞는 증
거들이 나왔을 때 가설이 입증됐다고 여기는 것이 음모 이
론"이라며 "'나꼼수' 열풍은 기본적으로 한국인들이 좋아
하는 음모 이론을 세련되게 변환시켰기 때문"이라고 분석

했다. 제도 정치권의 공식 발표와 해명이 그대로 받아들여지지 못하고, 그 이면에 밀약과 검은 거래, 꼼수가 있을 거라는 전제가 만연해 있는 탓이라는 것이다.[38]

『한국일보』기자 박선영은 "권력자들의 치부를 폭로하고 조롱하는 데서 발생하는 카타르시스는 정치라는 공적 영역의 엄숙한 언어를 사적 영역의 세속적 언어로 통역해내는 출연진의 '말빨'에서 비롯된다. 욕설과 고성, 인신공격을 서슴지 않는 이들은 약자의 언어인 풍자와 패러디로 정치 현실을 쉽고 유머러스하게 파헤침으로써 '정치가 이렇게 재미있는 줄 몰랐다', '통쾌하다'는 반응을 끌어낸다. 여기에는 쉽게 들을 수 없던 '카더라' 통신의 온갖 뒷얘기들도 사례로 동원된다"며 다음과 같이 말한다.

"'나꼼수'는 '무한도전'이나 '라디오스타' 같은 예능 프로그램의 포맷을 차용한다. 4명의 출연자가 각각의 캐릭터를 갖고 역할을 수행하는 것. 미디어를 통해 드러난 '가카'의 문제적 언행은 제왕 격인 김어준, BBK 사건 등 정치 비화는 누구의 구박에도 굴하지 않는 정봉주, 디테일의 보완은 어눌한 듯 집요한 캐릭터의 주진우 등으로 나눠 그 꼼수를 분석하는 식이다. 정치의 예능화에 걸맞은 형식을 찾아낸 것은 '나꼼수'가 예능에 익숙한 젊은 세대에 어필할 수 있는 주요인이지만, 그렇기 때문에 '자기들끼리 찧고 까불고 호들갑 떤다'는 예능 프로 일반에 대한 비판은 '나꼼수'에도 그대로 적용된다. 정치 예능이라는 '나꼼수'의 형식은 정치의 대중화라는 순기능과 희화화라는 역기능을 동시에 수행하는 양날의 칼인 셈이다."[39]

'쫄지 마 법칙'의 함정인가?

예능 프로에 어떤 문제가 있건 재미가 있는 건 분명하다. 이 재미는 당파성을 초월해 애청자를 끌어모으기도 한다. "한국 민주화의 일등공신은 박정희다. 박정희가 산업화로 국민들을 먹고살게 해주지 않았다면 민주화를 꿈이라도 꿨겠나?"라고 틈만 나면 '박정희 찬가'를 부르던 사람이 나꼼수의 애청자가 되는 이유도 여기에 있다. "좌편향인 줄 알지만 너무 재밌다"는 것이다.[40]

음모론은 포퓰리즘 소통의 주요 구성 요소다.[41] 즉, 나꼼수엔 포퓰리즘 요소가 다분하다는 것이다. 그런데 여기서 중요한 것은 나꼼수식 담론과 소통이 대중이 일상적 삶의 사적 공간에서 이루어지는 담론과 소통의 전형을 보여주고 있다는 점이다. 앞서 정봉주도 잘 지적했듯이, 나꼼수가 누리는 인기의 비결은 사적 공간에서 소비되던 정치적 담론이 아무런 제약 없이 공적 공간으로 옮겨져 많은 사람이 연대감을 느끼면서 공유할 수 있게 되었으며, 그 과정에서 수용자의 개인적 분노가 집단적 정의감으로 전환되는 만족감을 느낄 수 있게 되었다는 점이다.

정치가 워낙 혐오와 저주의 대상이기에 나꼼수식 담론과 소통이 정치 흥행에 큰 자산이 될 수 있는 건 분명하지만, 이 세상은 나꼼수를 좋아하고 사랑하는 사람들만 사는 곳은 아니라는 데에 나꼼수의 문제가 있다. 즉, 나꼼수가 자신들만의 영역에서야 무슨 일을 하건 문제될 게 없지만, 그들의 장場을 벗어나 새로운 장으로 나서면 새로운 문제가 발생할 수밖에 없고, 이를 잘 보여준 게 바로 '김용민 막말 파문'이다. 김용민의 막말이 문제라기보다는 사실상 민주당을 쥐고 흔들었던 나꼼수가 시종일관 '쫄지 마'로 밀어붙인 대응 방식이 문제였다.

19대 총선 결과가 민주당의 패배로 나타나자, 원망의 파편은 나꼼수에도 튀었다. 한겨레사회정책연구소 연구위원 한귀영은 "자신의 과오는 인정하지 않는 태도로 성찰의 공간을 갖지 않는 '나꼼수'에 휘둘렸다는 평가는 줄곧 지속됐다"며 "진영 논리로 우리 편 아니면 적이라는 식으로 '쫄지 마' 형태로 일관하는 것이 처음에는 달콤 짜릿하지만 결국 그것이 자기편에게 부메랑이 되어 돌아오게 되는 것"이라고 말했다. 경희대학교 교수 이택광도 "새누리당 과반 의석 차지는 공허한 심판론과 막말 파문에 대한 안이한 대처가 만들어낸 결과"라며 "나꼼수 현상이 결국 독으로 작용했다. 떠먹여주는 밥도 못 먹는다는 말이 나오는 까닭"이라고 지적했다.[42]

김어준은 평소 "나꼼수 메시지의 가장 큰 덩어리는 어떤 주장을 '쫄지 않고 말해도 된다'고 하는 태도 그 자체"라고 했는데,[43] 혹 이게 자승자박自繩自縛의 함정이 된 건 아닐까? "우리는 쫄지 않는다"는 걸 보여주기 위해 본말전도형의 '오버'를 하는 게 나꼼수에 내장되어 있는 게 아니냐는 것이다.

앞으로 김어준과 나꼼수가 어떤 노선을 걸을지는 두고볼 일이지만, 나는 김어준이 교주형 멘토로서 '명랑 사회' 구현의 선구자로 복귀하면 좋겠다는 쪽이다. 물론 교주로서 좀더 넓은 세상을 개척해 더욱 많은 사람을 구원해주고 싶은 자비심이 발동하는 걸 모르는 바는 아니지만, 나는 교주가 진지해지고 심각해지는 것보다는 "나는 잘 생겼다! 크하하하"라고 외치는 걸 더 보고 싶다. 나는 불량 신도인가?

김어준의
'팬덤 정치'와
'증오·혐오 마케팅'

왜 정치평론은 '참 더러운 일'인가?

"내가 해온 정치평론가는 참 더러운 일이다." 정치평론가 유창선이 2022년 7월에 출간한 『나를 찾는 시간: 나이 든다는 것은 생각만큼 슬프지 않다』에서 한 말이다. 이 책을 재미있게, 그리고 감명 깊게 읽었다. 그런데 왜 '더러운 일'이라는 걸까? 정치평론가라는 직업이 어떤 정권이 들어서느냐에 따라 큰 영향을 받는 현실에 주목할 필요가 있겠다. 유창선은 "박근혜 정부가 들어서자 '박근혜 대통령' 만들기에 팔을 걷어붙였던 '친박' 평론가가 온갖 방송들의 진행자 자리를 꿰차며 돈방석에 앉는 광경을 보았다"며 다음과 같이 말한다.

"그 정부가 탄핵당해 물러나고 문재인 정부가 들어서자 '문재인 대통령' 만들기에 올인했던 '친문' 평론가들이 마찬가지로 온갖 방송들의 진행자 자리를 차지하는 것도 지켜보았다. 이명박 성부 때도, 박근혜 정부 때도, 문재인 정부 때도 조금도 다르지 않게 똑같은 광경이 벌어졌다. 역사의 코미디 같은 장면들이었다. 그런 환경에서 정치평론을 했으니 얼마나 자존심이 상했겠는가. 그래서 더러운 일이라고 표현한 것이다."[1]

그렇다. 그게 현실이다. 정치평론가는 진영 논리에서 자유롭지 않다. 전 민주당 의원 표창원은 "극단적, 일방적으로 자기편에 유리한 선동을 하며 금전적 이익을 챙기는 언론이나 유튜버 등 소위 '진영 스피커'들"을 가리켜 '정치 군수업자'라고 했는데,[2] 그런 정치 군수업자형 정치평론가가 많다. 그 정도까지는 아니더라도 자기 진영의 눈치를 보지 않는 정치평론가는 거의 없다고 보아도 무방하다.

아는 분은 잘 알겠지만, 유창선은 그런 눈치를 보지

않을 뿐만 아니라 자기 진영에 쓴소리도 마다하지 않는 진보적인 정치평론가다. 그런데 우리 한국 사회가 그렇게 독립적인 평론가를 좋아하지 않는다. 정치권이건 일반 시민이건 편파성을 너무도 사랑한다. 그래서 독립적인 평론가를 탄압한다. 그러니 고독할 수밖에 없다. 그의 책은 그런 고독에 관한 이야기이기도 하다.

반면 '진영 스피커' 노릇을 잘하면 돈은 물론 명예가 쏟아진다. 수많은 추종자도 거느릴 수 있다. 심지어 정권의 실력자들마저 자신이 그의 추종자임을 밝히기 위해 안달을 한다. 그만큼 정치적 영향력이 막강하다는 뜻이다. 한국 현대 정치사에서 가장 막강한 권력을 누린 정치평론가가 누구냐고 묻는다면, 김어준을 꼽을 사람이 적지 않을 게다. 그는 전형적인 정치평론가는 아니지만 '음모'와 '유희'가 충만한 새로운 유형의 정치 담론을 통해 자신의 권력 기반을 구축해왔다는 점에서 넓은 의미의 정치평론가로 보아도 무리는 없으리라.

문재인과 김어준의 상호 공생 관계

한동안 TBS 〈김어준의 뉴스공장〉과 TBS '지원 중단 조례'를 둘러싼 논란이 뜨거웠다. 〈김어준의 뉴스공장〉은 문재인 정권의 탁월한 선전·선동 기구였지만, 2021년 4·7 서울시장 재보궐선거에서 오세훈이 압승을 거둠으로써 그런 역할에 의문이 제기되었다. 서울시 정부가 민주당에서 국민의힘으로 넘어간 상황에서 서울시의 재정 지원을 받는 TBS가 문재인 정권의 선전·선동 기구 역할을 계속해도 괜찮으냐는 의문이었다.

TBS는 이미 재단법인으로 독립했다는 주장을 내세웠지만, 당시의 대표 선임(2018년 10월)은 독립(2019년 12월) 이전에 이루어진 것이었다. TBS 경영진은 앞으로 어떻게 '정치적 중립'을 이루겠다는 청사진을 밝혀야 했음에도 이에 대해선 아무런 말이 없었다. 민주당이 압도적으로 장악한 서울시의회라는 '든든한 빽'을 믿은 것인지 한 번 붙어보자는 식으로 대응했다.

그러다가 1년여 후인 2022년 6·1 지방선거 결과 국민의힘이 서울시장직은 물론 서울시의회를 76대 36의 비율로 지배하게 되자 TBS의 그런 '배째라 전략'은 파국을 맞게 되었고, 서울시의회는 TBS에 대한 서울시 재정 지원을 중단하는 내용의 조례안을 발의하기에 이르렀다. 이 글은 이를 둘러싼 갈등에 대해 논하려는 건 아니다. 이른바 '팬덤 정치'에 기반한 김어준의 선전·선동 활동을 주요 사건 중심으로 기록하고 논평함으로써 '팬덤 정치'의 메커니즘에 대한 이해를 높이자는 게 이 글의 목적이다.

김어준은 누구인가? 그는 문재인의 '대통령 자격'을 가장 먼저 알아본 사람이었다. 그리고 가장 열심히 '문재인 띄우기'를 실천한 사람이었다. 둘의 관계는 2009년 5월 29일로 거슬러 올라간다. 그날 서울광장에서 전 대통령 노무현의 영결식이 열렸을 때, 대통령 이명박이 헌화를 하는 순간 민주당 의원 백원우가 자리에서 일어나 그를 향해 "정치 보복 사죄하라"고 외쳤다. 상주 역할을 맡은 문재인은 이명박에게 머리를 숙이며 사과했다. 바로 이 장면에서 문재인의 '타고난 애티튜드의 힘'을 포착한 김어준은 이후 '문재인 대통령 만들기'의 선봉에 섰고, 대통령이 된 후엔

'문재인 지키기'의 선봉에 섰음은 이미 우리가 잘 알고 있는 바와 같다.[3]

김어준은 그 후 2년간 문재인은 충분히 경쟁력이 있다는 주장을 줄기차게 외쳤지만 아무도 귀 기울이지 않았다. 그러다가 2011년 4월 27일 첫 방송을 시작한 팟캐스트 방송 '나꼼수'가 대박을 터뜨리기 시작하면서, 그리고 10월 5일 인터뷰 전문 저널리스트 지승호와 같이 출간한 『닥치고 정치: 김어준의 명랑시민 정치교본』도 대박을 치면서, 문재인도 뜨기 시작했고, 이는 김어준의 무게감을 키워줌으로써 문재인과 김어준 사이에 상호 공생 관계가 형성되었다.

2011년 가을 나꼼수는 방송 1회당 평균 600만 건의 다운로드를 기록하는 '신드롬'을 만들어내면서 최고의 전성기를 누렸다. 박원순이 당선된 10·26 서울시장 재보궐선거 때 가장 영향력이 컸던 미디어는 KBS도 MBC도 아닌 나꼼수였다. 나꼼수가 박원순 당선의 1등 공신이라고 해도 과언이 아니었다. 11월 18일 전국언론노조는 나꼼수를 제21회 민주언론상 수상자로 선정했는데, 이때 상을 준

전국언론노조 위원장 이강택은 훗날(2018년 10월) 교통방송 대표로 김어준과 다시 만나게 된다.

나꼼수를 위해 4·11 총선을 망친 문재인

2012년 1월 말 이른바 '나꼼수 비키니-코피 사건'이 터졌을 때 나꼼수를 공격적으로 옹호했던 동아대학교 교수 정희준은 자신의 옹호 논거 중의 하나로 "그들은 우리 사회 비주류들이다. 그들 표현대로 나꼼수는 '떨거지', '잡놈'들의 놀이터이다"고 주장했다.[4] 이런 이미지는 김어준에게 면책의 기회를 제공하는 보호막이 되었다.

　　김어준은 심각하고 진지한 정치평론가들을 압도적으로 능가할 정도로 정치에 큰 영향을 미치면서도 문제가 있는 발언으로 논란이 되면 '잡놈' 이미지로 빠져나갔다. 그는 엉터리 주장을 했다는 게 밝혀진 후에도 끝까지 사과나 해명을 하지 않는 걸로 악명이 높은데, 그래도 이게 큰 문제가 되진 않았다. 잡놈이니까! 그런데 또 묘한 건 이게 또 김어준이 지지자들에게서 무오류를 주장하는 '교주'의 지위를 누릴 수 있는 강점이 되었다.

김어준은 '진보적 비주류'나 '진보적 잡놈'으로 여겨졌지만, 그렇다고 모든 진보적 인사가 나꼼수를 긍정한 건 아니었다. 진보 진영 일각에선 나꼼수의 담론화 방식을 문제 삼는 비판이 제기되었다. 앞서 소개했듯이, 이미 2011년 10월 27일 진보적 칼럼니스트 허지웅은 『시사IN』에 기고한 「내가 김어준을 비판하는 이유」라는 글에서 '나꼼수의 종교화'를 문제 삼았다. 그는 "김어준의 문장은 선과 악이 대립하다가 결국 대체 왜 믿지 못하느냐라는 타박으로 끝을 맺는다"며 "여기에는 명백히 종교적인 선동이 존재하고 있다. 이에 저항할 최소한의 의지를 드러내지 않으면서 시민의 힘 운운하는 건 당신들이 가장 듣기 싫어하는, 그러니까 '빠'가 되는 지름길이다"고 했다.

진보 논객 진중권도 2011년 10월 나꼼수 콘서트에서 대통령 이명박의 불륜과 사생아 의혹이 제기된 것과 관련해 자신의 트위터를 통해 "한껏 들떠서 정신줄 놓고 막장까지 간 거다. 포르노라는 게 원래 노출 수위를 계속 높여야 한다"면서 "제발 경쾌하고 유쾌하게 가라"고 일침을 가했다. 그는 "목숨 걸지 않으면 나꼼수 못 까요", "꼼진리교 신자들은 워낙 닥치고 찬양이 아니면 다 나꼼수에 대한 질투로 읽더라구요"라는 글을 남기기도 했다.[5]

　허지웅도 다음 번 칼럼에서 "지난번 칼럼에서 김어준을 둘러싼 신앙 간증 친위부대를 비판한 이후, 술자리에서 누군가 내 이름을 언급하면 '너 한나라당 편이냐'며 싸움이 난단다"며 어이없어 했다.[6] 돌이켜보건대, 이들의 선견지명先見之明이 놀랍지만, 10여 년의 세월이 흐른 지금까지도 민주당 진영엔 김어준의 헤게모니가 여전히 살아 있어 이런 생각을 발설하는 건 여전히 위험한 일이다.

　문재인의 "김어준·나꼼수에 대한 애정"은 날이 갈수록 깊어졌으며, 이는 2012년 4·11 총선에서 잘 드러났다. 나꼼수 멤버인 김용민은 민주통합당 서울 노원갑 후보로 공천을 받았는데, 그가 과거에 인터넷방송에서 "라이스(전 미국 국무장관)를 강간해서 죽이자"라는 발언을 한 사실이 알려지고, 노인 비하 발언까지 터져 나오는 일이 벌어졌다.

　4월 7일 민주통합당 대표 한명숙은 김용민의 막말 파문과 관련해 공식적으로 사과하고 그의 사퇴를 권고했지만, 4·11 총선 직전의 주말 문재인은 한명숙에게 전화를 걸어 "김용민 씨에게 사퇴를 요구해서는 안 된다"고 당부한 것으로 알려졌다. 이 뉴스를 전한 『동아일보』는 이렇게 말했다.

"실제로 문재인 고문은 김씨의 막말 파문에도 그를 옹호하는 태도를 보였다. 선거 이틀 전인 9일 방송된 '나꼼수'에 민주당 박지원 최고위원, 통합진보당 노회찬 대변인 등과 함께 출연했다.……같은 날엔 부산대 앞에서 김어준 『딴지일보』 총수, 주진우 『시사IN』 기자 등 나꼼수 멤버들과 민주당 후보 지원 유세를 벌였다."[7]

그래서 김용민은 사퇴하지 않았고, 4·11 총선에서 새누리당은 당초 예상을 깨고 과반인 152석을 차지하는 승리를 거두었다. 민주통합당 패배의 결정적 이유는 김용민의 '막말 파문'인 것으로 분석되었다. 한명숙은 총선 패배의 책임을 지고 대표직을 사퇴한 반면, 당시 문재인의 책임론은 거의 불거지지 않았다. 이는 문재인의 리더십과 관련해 '공사公私 구분 의식'의 문제를 제기한 대표적 사건이었다.

김어준은 정치평론가이자 플랫폼 사업자

김어준이 나중에 '포스트 문재인'으로 지명한 이재명과 관계를 맺게 된 것은 이재명이 성남시장으로서 본격적인 'SNS 정치'를 통해 전국적인 주목을 받기 시작하던 때였다. 이재명은 그런 지명도를 업고 2015년 3월 27일 한겨레TV '김어준의 파파이스' 43화에 출연해 성남의료원 설치, 무상 산후조리 사업 등의 복지 사업에 관한 자신의 철학과 앞으로의 비전들을 설명해나갔다. 이에 김용민은 이재명에게 "대통령이 되면 전국적인 무상 산후조리원 하실 겁니까?"라고 묻자 이재명은 "산후조리원뿐만이 아니라요.……그전에 작살을 좀 내야죠"라고 말해 녹화장을 술렁이게 만들었다.

이재명의 발언에 김용민과 김어준은 한동안 멍하니 이재명만을 바라보았고, 잠시 침묵이 흐른 뒤 박수가 쏟아졌다.[8] 이는 이재명의 여러 별명 중의 하나인 '작살'이 생겨나게 된 사건이었지만,[9] 열성적인 팬덤을 구축하는 계기이기도 했다. 한 지지자는 "온몸에 전율이 일었다"며 환호

했는데,[10] 이렇게 전율한 지지자가 적지 않았다.

　김어준은 그 자신이 정치평론가인 동시에 자신이 주도하는 무대의 '분위기'와 '맥락'을 통해 다른 출연자들의 발언에 영향을 미치는 독특한 플랫폼 사업자이기도 했다. 민주당 진영의 팬덤을 만족시킬 수 있는 주요 인물들의 강성·과격 발언이 주로 김어준과의 대담 형식을 통해 나오는 것은 바로 그런 메커니즘 때문일 게다. 이른바 '팬덤 정치'에 강한 이해관계를 갖고 있는 김어준은 '팬덤 정치'의 수혜자가 될 수 있는 인플루언서들과 무언無言의 동맹 관계를 유지했으며, 이런 동맹 세력의 대표적 인물은 단연 유시민이었다.

　2017년 5월 5일 유시민은 '김어준의 파파이스'에 출연해 "지식인이거나 언론인이면 권력과 거리를 둬야 하고 권력에 비판적이어야 하는 건 옳다고 생각한다"며 "그러나 대통령만 바뀌는 거지 대통령보다 더 오래 살아남고 바꿀 수 없는, 더 막강한 힘을 행사하는 기득권 권력이 사방에 포진해 또 괴롭힐 거기 때문에 내가 정의당 평당원이지만 범진보 정부에 대해 어용 지식인이 되려 한다"고 말

했다.[11]

유시민의 이 발언은 5월 9일 치러진 대선에서 민주당 후보 문재인이 제19대 대통령에 당선됨으로써 문재인 지지자들에게 하나의 절대적 좌표가 되었다. 유시민이 깃발을 든 어용 지식인들이 양산되었으며, 이들을 따르거나 보호하려는 '어용 시민'도 폭증세를 보였다. '팬덤 정치'를 신봉하는 문재인이 우두머리가 된 가운데 한국에선 명실상부한 민주주의 국가에선 그 유례를 찾아보기 어려울 정도로 극심한 '팬덤 정치'의 향연(또는 '무당 정치'의 굿판)이 이후 5년간 공격적으로 전개되었다.

TBS는 박원순·김어준에게 전리품이었나?

'팬덤 정치'의 선두엔 2016년 9월 26일부터 시작된 TBS 〈김어준의 뉴스공장〉이 있었다. TBS는 공영방송이었지만, 그 골격을 무너뜨린 건 2011년 10월 27일부터 2020년 7월 9일까지 서울시장을 지낸 박원순이었다. 2011년 11월 박원순의 서울시장 취임 직후 '나꼼수' 출신 김용민은 『한겨레』에 쓴 칼럼에서 "김어준이 안철수·박원순 두 후보 모두에게 '시장 되면 저에게 교통방송을 달라'고 했다"고 썼다. 그는 "물론 농담이었고 박 시장 당선 후 '그 욕망을 포기했다'고 너스레를 떨었다"며 "박 시장이 (교통방송을) 전리품으로 인식할 것인지 시민에게 돌려줄지 관심거리 다"고 했다.[12]

"교통방송을 달라"는 게 과연 농담이었을까? 박원순 당선의 1등 공신이었던 나꼼수에 대한 지분을 요구했던 걸로 보아야 하지 않을까? 박원순은 그 요구에 흔쾌히 응했으니, 박원순과 김어준 모두 TBS를 전리품으로 여겼다고 보아야 하지 않을까? 그렇지 않다는 반론도 가능하겠지만, 평가는 TBS를 공영방송답게 운영했느냐에 달려 있는 걸로 보아야 할 것이다.

KBS 기자 출신으로 2006년부터 5년간 TBS 대표를 지낸 이준호는 취임 직후 중앙 정치 이슈를 다루지 말고 서울시의회 뉴스만 다루라고 지시하면서 이렇게 말했다. "우리 공영방송은 정권이 주인입니다. 정권이 바뀌면 KBS·MBC 사장이 바뀌고 대규모 인사가 납니다. 한직으로 밀려난 직원들은 5년 뒤를 기다리죠. 정권이 또 바뀌면 직원들도 다시 자리를 바꿉니다. 그런데 TBS는 기자와 시사 PD가 50명도 안 돼요. 한직으로 밀려날 사람이 없습니다. 정치 뉴스를 다루면 정권 홍보 방송밖에 못 해요. 그래서 아예 여의도 쪽은 선을 끊고 쳐다보지도 말라고 한 겁니다."

박원순 시장 취임 두 달 후 임기 만료로 퇴임한 이준호는 "내가 퇴임한 뒤부터 교통방송이 정치 방송이 되기 시작했다"고 말했다. 2017년 한 언론인 연말 모임에서 박원순을 만나 "『딴지일보』하던 사람(김어준)이 그때와 똑같은 방식으로 공영방송 프로그램을 진행하는 건 잘못이다. 공영성을 망가뜨리는 건 한순간이지만 그걸 회복하는 건 정말 어렵다"고 말했다. "10분 동안 얘기하는데 박 시장은 한마디도 하지 않더군요. 내가 경기고 선배여서 듣지 않을 순 없었을 겁니다."[13]

'『한겨레』 절독'을 부르짖었던 김어준 팬덤

이 글 첫머리에 인용한 "내가 해온 정치평론가는 참 더러운 일이다"는 유창선의 명언을 상기해보시라. 때는 바야흐로 나꼼수의 전성시대였다. 김어준과 주진우가 텔레비전으로까지 진출했다. 문재인 정권이 국정 농단으로 인한 보수의 폐허 위에서 집권한 탓인지 방송이 정파성으로 인해 망가지는 사태가 벌어져도 언론계와 학계는 이렇다 할 말이 없었다.

국민의당 최고위원이자 변호사인 장진영이 입을 열었다. 그는 2018년 2월 9일 김어준의 SBS〈김어준의 블랙하우스〉진행과 주진우의 MBC〈스트레이트〉진행을 두고 "김어준, 주진우 등 노골적으로 친문 성향을 보여온 인사들이 속속 (지상파) 진행자로 등용되고 있다"며 "대놓고 어용 방송한다는 인사가 공정성이 생명인 시사 프로그램에 출연자도 아니고 중립성을 지켜야 할 진행자로 등용된 예는 박근혜·이명박 정권에서도 없었던 일"이라고 비판했다(김용민은 2018년 5월부터 퇴근 시간대에 KBS1 라디오〈김용민의 라이브〉를 진행했다).[14]

김어준에겐 팟캐스트 '김어준의 다스뵈이다'라는 제3의 무기도 있었다. 그는 2월 23일 당시 핵심 이슈였던 성

범죄 미투 폭로를 정치적 공작의 일환으로 보는 충격적인 발언을 해 뜨거운 논란을 불러일으켰다. 그는 3월 9일엔 "안희정에 봉도사(성추행 의혹을 받던 전 의원 정봉주의 별명) 까지. 이명박 가카(각하)가 막 사라지고 있다"며 "제가 (미투) 공작을 경고했지 않나? 그 이유는 이 미투를 공작으로 이용하고 싶은 자들이 분명히 있기 때문이다. 그건 명백한 건데"라고 주장했다.[15]

김어준은 3월 22일엔 SBS 〈김어준의 블랙하우스〉까지 동원해 자신과 특수 관계에 있는 정봉주 쪽에서 제공한 사진을 가지고 그의 알리바이를 뒷받침하는 보도를 했다. 정봉주가 자기에게 유리하게 발췌·선별해서 제공한 사진들을 '증거'라고 들이대며 사진 전문가를 데려다 "절대 조작일 수 없다"는 결론을 내린 것이다. 그로부터 6일 후 그간 치열한 공방이 이루어졌던 정봉주 사건이 결정적인 반전을 맞았다. 정봉주는 문제의 렉싱턴호텔에 간 적이 없었다는 주장을 강력하게 펼쳐왔는데, 그곳에서 사용한 신용카드 결제 내역이 드러난 것이다. 〈김어준의 블랙하우스〉 시청자 게시판에는 "김어준 씨가 친구를 구하기 위해 지상파방송을 이용했다"며 프로그램 폐지를 요구하는 비판이 줄을 이었다.

4월 2일, 정봉주가 "죄송하다"며 모든 공적 활동의 중단을 선언한 것과 관련, 『한겨레』 기자 김지훈은 정봉주와 김어준의 사과를 요구하는 칼럼을 쓰면서 "두 사람을 비판하는 글을 쓰는 건 부담스러운 일인데, 나도 그의 지지자들에게 어떤 해를 입지 않을지 걱정이 된다"고 밝혔다.[16] 아니나 다를까, 이 칼럼에 쏟아진 악플들은 '『한겨레』 절독'을 들고 나왔다.

"참는 데에도 한계가 있어 저는 30년 구독 방금 끊었습니다. 제 구독료가 이런 기자 봉급 나간다는 게 참을 수 없네요." "이런 기사를 보려고 내가 『한겨레』를 10년 만에 다시 구독했나. 자괴감이 드네. 그냥 끝내리. 내가 뭐 머리 아프게 이런 기레기 같은 글을 보고 있나." "그동안 혹시나 했지만 『한겨레』에는 이제 더이상 기대할 것이 없다는 것을 깨달았다. 이제는 내 구독료는 안 들어가니까 광고주 돈 받아서 쓰레기 기사를 쓰던 말던 혈압 올리지 않아도 되겠다."

이는 그 어떤 과오를 저질러도 지지자들에게서 오히

려 뜨거운 지지를 받는 김어준의 왕국이 완성되었음을 말해준 사건이었다. 김어준의 왕국은 김어준이 계속 '킹메이커' 역할을 해야 유지될 수 있는 것이었기에 그가 이른 시점부터 '차기 대통령'에 눈을 돌리는 건 당연한 일이었을지도 모르겠다. 8월 4일 김어준은 '김어준의 다스뵈이다'에서 당시 여러 의혹에 휩싸여 있던 경기도지사 이재명을 '포스트 문재인'이라고 칭하면서 이재명을 절대악으로 만드는 세력이 있다는 음모론을 제기했다. 음모론은 그가 가장 애용하는 선전·선동의 최대 무기였다.

김어준은 영적 지도자

2019년 8월 27일 오후 법무부 장관 후보자 조국에 대한 인사청문회를 앞두고 검찰이 전격적으로 조국에 대한 압수수색을 감행했다. 민주당은 이를 '검찰 쿠데타'로 규정했다. 민주당과 그 지지자들은 이후 수년간 '검찰 쿠데타', '사법 쿠데타', '법조 쿠데타', '연성 쿠데타', '2단계 쿠데타', '조용한 쿠데타', '조폭 검사들의 쿠데타' 등 다양한 용

어로 윤석열을 쿠데타의 수괴로 몰아가는 폭격을 퍼붓게
되며, 그 선두 그룹엔 김어준이 있었다.

김어준은 이미 문재인 지지자들의 영적 지도자라고
해도 과언이 아니었다. 이른바 『조국백서』의 평가에 따르
면, 2019년 8월 29일 〈김어준의 뉴스공장〉에서 이루어진
김어준과 유시민의 인터뷰는 '조국 수호 운동'의 불꽃을
피우는 데에 큰 역할을 했다.

"이 인터뷰에서 유 이사장은 조국 후보자에 대한 언
론 보도와 검찰 수사를 각각 '마녀사냥'과 '가족 인질극'
으로 분석했다. 이 인터뷰는 조국 정국에서 드러난 검찰과
언론의 문제점을 명확하게 짚어냄으로써 그동안 침묵하던
시민들을 결집시키고 여권 정치인들의 말문을 여는 데 결
정적인 역할을 한 것으로 보인다."[17]

9월 28일 서울 서초동 검찰청사 앞에서 '촛불 집회'
가 열렸다. 민주당 측은 "200만 명이 참여했다"고 주장했
다. 친문 네티즌들은 MBC가 드론으로 집회 현장 상공에
서 사전 허가 없이 불법 촬영한 영상을 인터넷에 퍼 나르며
"200만이 참가한 것이 확실하다"며 "MBC가 돌아왔다",

"MBC는 믿을 수 있는 유일한 언론"이라고 찬양했다.[18]

이에 반해 자유한국당 의원 박성중은 시위자들이 있던 누에다리에서 서초역까지의 도로 길이(560센티미터)와 도로 폭(40미터)을 곱하면 시위 공간은 2만 2,400제곱미터, 여기에 들어설 수 있는 사람은 3만 3,000명에서 5만 명 수준이라며 "촛불 집회 참석자 수는 많아야 5만 명"이라고 주장했다. 논란이 확산하자 민주당 원내 대변인 박찬대는 "언론들은 150만 명, 180만 명, 200만 명까지 얘기하지만 정확한 집계가 아니어서 논평을 통해 100만 명 이상으로만 잡아놨다"고 했다.[19]

9월 30일 MBC 보도국장 박성제는 〈김어준의 뉴스공장〉에 출연해 28일의 '조국 지지 집회'에 대해 "'이건 10만 명 이상 올 수도 있겠다. 드론 촬영을 한 번 해보자'고 했던 것"이라며, "고故 노무현 전 대통령 장례식을 다 봤지 않나. 100만 명 정도 되는 숫자가 어느 정도인지 느낌이 있다. (집회를 드론으로) 딱 보니까 '이건 그 정도 된다'"고 했다. 그는 "검찰이 언론 플레이를 하고 있다"며 검찰을 비판하기도 했다.[20]

이상한 일이었다. 역대 어느 방송사의 보도국장이 그런 정치적 발언을 공개적으로 한 적이 있었던가? 왜 정치인이건 언론인이건 김어준의 앞에 서기만 하면 자신의 본분을 잊고 과격해지는가? 박성제는 2017년 7월에 출간한 『권력과 언론』이라는 책의 결론에서 "권력을 감시하고 비판하는 것은 언론의 숙명이다"며 "문재인 정권을 어떠한 각도에서 감시하고 비판할 것인가?"라고 물었다. 그는 "신뢰를 회복해가려는 언론인이라면 이 같은 질문을 외면해서는 안 된다. 스스로 묻고 답을 고민해야 한다"고 했다.[21]

김어준은 '조국 수호 운동'의 총사령탑

박성제의 책을 감명 깊게 읽었던 나로서는 MBC가 많은 국민의 신뢰를 회복하기를 염원했다. 그러나 MBC는 정반대의 방향으로 치닫고 있었다. 김어준의 뒤를 따르는 것 같았다. 국회 국정감사에선 〈김어준의 뉴스공장〉이 9월 전체 아이템 75개 중 50개를 '조국 방탄'에 동원하는 식의 편파 방송을 했고, 경영난에 허덕이는 MBC가 주진우에게 사장

연봉과 맞먹는 출연료(회당 600여 만 원)를 준다는 지적이 나왔다.[22] 나중에 보수 정권이 들어서서 공영방송을 이런 식으로 이용해도 괜찮다는 것이었을까?

김어준은 '조국 수호 운동'의 총사령탑 역할을 하길 원했던 것 같다. 그는 11월 초순 '김어준의 다스뵈이다'를 통해 '조국 보도 백서'를 만들어야 한다고 주장했으며,[23] 11월 13일 〈김어준의 뉴스공장〉에선 '정경심 씨에 대한 검찰 공소장은 허위공문서'라는 주장을 하기에 이르렀다. 그가 "허위공문서"라고 주장한 근거는 '검찰이 정씨에 대한 공소장 내용 일부를 변경했다는 것'이었다. 공소장 변경은 수시로 일어나는 일이었지만, 이 주장은 친문 지지자들을 흥분시키기에 충분했다. 주요 친문 인터넷 커뮤니티에서는 "검찰의 소설을 〈뉴스공장〉이 까발렸다. 이분들이 이 시대를 바꾸고 있다", "30일 500만 촛불로 여의도를 점령하자"는 글이 쏟아졌고,[24] 이후 김어준은 모든 친문 집회와 시위를 이끄는 사령관 같은 존재가 되었다.

이렇듯 김어준은 부정확한 사실과 무리한 해석 등으로 사실상 친문 지지자들의 피를 끓어오르게 만드는 선동에 충실했다. 그의 방송은 친문 세력 결집의 구심점이 되었다. 김어준이 이런 선동을 밥 먹듯이 하지만 않았어도 조국 사태의 전개 양상과 문재인 정권의 운명은 달라졌으련만, 문재인 정권과 지지자들은 김어준의 손아귀에 잡혀 있는 것처럼 보였다.

언젠가 김어준을 '무당'으로 부른 진중권은 나중엔 그를 '대무당'으로 승격시켜주었는데, 사실 김어준은 정치판에서 먹고사는 '정치 무당'으로선 그 유례를 찾기 어려울 정도로 성공한 인물이었다. 『딴지일보』 시절 김어준의 지지자였던 나로선 그의 무당 행위가 엔터테인먼트나 개인의 사적 영역에 머무르기를 간절히 원했다. 그는 한국인의 삶에 명랑의 요소를 재발견하고 확산시킨 선구자로서 길이 추앙받아 마땅한 인물이라고 생각했기 때문이다.

그래서 김어준이 제발 정치 영역으로 뛰어들지 않기를 원했지만, 인간의 욕심이라는 게 어디 그런가? 그는 탁월한 재능으로, 잠재되어 있는 것으로만 알고 넘어가도 좋을 한국인들의 증오와 혐오 본능에 불을 붙임으로써 정치를 선악善惡의 대결 구도로 몰아간 방화범放火犯은 아니었을까?

진중권 · 손석춘 · 최승호의 김어준 비판

2020년 3월 6일 김어준은 〈김어준의 뉴스공장〉에서 "코로나 사태는 대구 사태이자 신천지 사태"라고 주장해 논란을 빚었다. TBS 자유게시판에 김어준의 퇴출과 공식 사과를 요구하는 항의가 쏟아지는 등 비난이 빗발쳤다. 그러자 TBS는 3월 9일 입장문을 통해 "김어준 씨 발언의 핵심은 대구 시민의 안전을 촉구한 것"이라며 "일부 언론의 주장처럼 대구 시민을 비하하고 폄하하려는 의도가 아니었다"고 밝혔다.[25] 그러나, 늘 그래왔듯이, 김어준은 아무런 말이 없었다.

2020년 4·15 총선을 일주일 앞둔 4월 8일 민주당 대표 이해찬은 '김어준의 다스뵈이다'에서 야당인 미래통합당을 향해 "천박하고 주책없는 당, 저열한 정당, 토착왜구"라고 욕설을 퍼부었다. 그는 "이번 선거 의미는 저쪽 미래 무슨 당과 경쟁하는 것이 아니다"라며 "옛날 조폭들이 팔에 문신하고 '착하게 살자'……, 미래당은 무슨 미래당이냐"라고 말했다. 그는 그러면서 "(미래통합당이) 지금까지 해온 게 전부 발목 잡기, 토착왜구 그런 것 아니냐"면서 "그런 당과 우리가 싸울 가치가 없다. 그럴 시간이 없다"고도 했다.[26]

상대 정당을 상종할 가치조차 없는 집단으로 욕한 셈인데, 이게 민주주의를 하겠다는 정치인의 정상적인 언어라고 볼 수 있을까? 이름 없는 유튜브 채널이 아닌, 언론이 주목하는 플랫폼에서 이루어지는 이런 천박하고 저열한 공격은 '김어준의 다스뵈이다'에서나 가능한 것이었다는 점에서 김어준은 한국 정치를 천박하고 저열하게 만드는 데에 톡톡히 기여를 한 셈이었다.

민주당 비례대표 당선자인 윤미향과 정의기억연대(정의연)를 둘러싼 의혹과 관련해 김어준이 보여준 '지원 사격'은 낯이 뜨거울 수준의 것이었다. 5월 13일 김어준이 〈김어준의 뉴스공장〉에 출연한 윤미향을 비호한 솜씨와 수준을 보자. 그는 "누군가 윤미향 당선자가 국회에서 활동하는 걸 매우 싫어하는 겁니까?" "3,300만 원을 맥줏집에서 썼다는 식의 보도는 완전 거짓말이죠", "정의연이 돈이 있어야 착복을 하죠"라는 식의 질문을 이어갔다.[27]

김어준의 강한 정파성이 민주당의 발전에 도움이 된다면 또 모르겠는데 그것도 아니었다. 5월 26일 김어준이 〈김어준의 뉴스공장〉에서 일본군 위안부 피해자 이용수 할머니의 기자회견 '배후설'을 주장한 사건을 보자. 이렇다 할 근거는 없었다. "기자회견문을 읽어보면 이 할머니가 쓴 게 아닌 게 명백해 보인다. 냄새가 난다"는 수준이었다. 김어준에게 중요한 건 전날 이용수가 당시 민주당의 위성정당인 더불어시민당 당선인 윤미향을 비판했다는 사실이었을 게다.

이에 진중권은 "김어준 씨는 걸어다니는 음모론이고 원래 음모론자들은 발언에 책임을 지지 않는다"라면서 "냄새 좋아하니 방송 그만두고 인천공항에서 마약 탐지견으로 근무하면 참 좋겠다"고 했다. 이어 "(음모론자들은) 사실이 아니라 상상의 왕국에 거주하는 자들"이라며 "상상력에 죄를 물을 수는 없다"고 덧붙였다. 그는 "그저 그 황당한 판타지를 진지하게 믿어주는 바보들이 안됐다"라면서 "방송사에서도 진실보다 중요한 것은 돈, 청취율 아니겠는가"라고 반문했다.[28]

『한겨레』기자 출신으로 건국대학교 미디어커뮤니케이션학과 교수인 손석춘은 6월 10일 한 언론 세미나에서 "저널리즘을 바로잡겠다는 KBS의 〈저널리즘 토크쇼 J〉가 보여주듯 KBS·MBC, 교통방송TBS 시사 프로그램들은 친정부 편향 세력의 영향권 아래 있다"며 "김어준 시사 프로그램은 노골적인 진영 방송이다. 그 결과 저널리즘은 쇼가 되거나, 희화화하고 있다"고 비판했다.[29]

MBC 사장으로 있다가 『뉴스타파』 PD로 복귀한 최승호는 7월 4일 그간 김어준이 주장해온 '세월호 고의 침몰설'과 '18대 대선 개표 조작설' 등의 음모론을 공개적으로 비판했다. 그는 세월호 고의 침몰설을 반박하기 위해 『뉴스타파』가 만든 '그들에게만 보인 유령선……세월호 참사일 제주VTS 항적 조작설 검증' 영상을 소개하면서 이 같은 비판을 했다.

최승호는 "김어준은 이해할 수 없는 현상이 발견되면 '취재'하기보다 상상·추론하고 음모론을 펼치다가도 반박이 나오면 무시한다"면서 "자신의 위상만큼 책임을 지려고 노력했으면 한다, 틀린 것은 틀렸다고 인정하고 사과해야 한다"고 지적했다. 그는 "대중들은 김어준의 이런 행동 방식에 대해 매우 관대하다, 그는 사실이 아닌 위험한 주장을 마음껏 할 수 있는 특권을 가진 것 같다"고도 했다.[30]

김어준은 "언론·검찰 바이러스와 싸우는 의병장"?

물론 김어준의 그런 특권은 문재인 지지자들의 '닥치고 지지'에서 비롯된 것이었지만, 이들 역시 음모론이 선사하는 '피해자 코스프레'가 '권력 재생산 메커니즘'일 수 있다는 걸 모르진 않았을 것이다. 김어준은 무슨 일을 하건 민주당이 추앙하는 의인義人이었다. 이를 인정하고 기념하듯 7월 1일 개막한 '현실과 발언' 40주년 기념전엔 김어준을 언론·검찰이라는 바이러스와 싸우는 의병장으로 묘사한 초상화가 시사만화가 박재동의 출품작으로 전시되었다.[31]

검찰 바이러스와 싸우는 법무부 장관 추미애를 돕는 것도 의병장의 역할이었다. 추미애 아들의 군 휴가 의혹이 불거지자, 김어준은 9월 8일 방송에서 "언론이 확대재생산한 것"이라고 일축했다.[32] 누구와 싸우건 문재인 정권 편을 드는 일엔 그는 물불을 가리지 않았다. 9월 21~22일 해양수산부 소속 공무원 A씨가 연평도 인근 선상에서 실종된 뒤 북한군에 의해 바다 위에서 무참히 살해되는 사건이 벌어졌다. 김어준은 9월 25일 방송에서 A씨 상황을 '자진 월북越北'으로 규정했으며, 북한군이 시신에 기름을 뿌리고 불태운 행위를 "화장火葬"이라고 주장했다.[33]

아무리 문재인 정권과 그 지지자들의 상당수가 미쳐 돌아가고 있던 시절이었다지만, 이런 망언이 어디에 있단 말인가? 진중권은 "문명사회에서는 있을 수 없는 비인도적 범죄"라며 "이 친구의 헛소리, 우리 사회가 언제까지 참아줘야 하느냐"고 따져 물었다. 아울러 "청취율 장사도 좋지만, 언론의 사회적 책임이란 게 있다"며 "도대체 이게 몇 번째인가"라고 개탄했다.[34]

〈김어준의 뉴스공장〉 자체가 그런 '청취율 장사'에 도움이 되게끔 구조화되어 있었다. 국민의힘 권영세 의원실과 여의도연구원이 2020년 1월부터 9월까지 〈김어준의 뉴스공장〉 189회를 전수 분석한 결과, 민주당원 패널이 출연한 횟수는 238차례였던 반면 국민의힘 소속 패널은 총 71회로 세 번 방송하면 한 번 나오는 수준이었다. 〈김어준의 뉴스공장〉이 진보 성향 패널을 부른 횟수는 341차례로 보수 성향 75차례의 4.5배였다. 가장 많이 출연한 패널은 양지열 변호사(41회), 황교익 음식평론가(36회), 신장식 변호사(31회·정의당원·노회찬재단 이사)였다. 권영세는 "〈김어준의 뉴스공장〉이 좌파를 먹여 살리는 화수분이 되고 있다"고 주장했다.[35]

이에 대해 TBS는 "238차례가 아니라 179차례"라며 "이 가운데 94차례는 코로나 관련 지방자치단체장들, 민주당 당내 선거 후보들, 코로나와 부동산 등 현안 설명을 위해 민주당 출신 장관들이 출연한 것으로 이는 여야의 기계적 균형을 맞추기 어려운 주제들에 대한 것"이라고 주장했다.[36]

김어준 출연료는 연간 5억 원?

국민의힘의 주장에 다소 부풀려진 점도 있긴 했겠지만, 사실 그런 기계적 균형 못지않게 중요한 건 "왜 출연자들은

김어준 앞에만 서면 과격해지거나 궤변도 불사하는가?"라
는 의문이었다. 김어준이 조성하는 분위기에 '케미'를 맞
추려는 동조 현상 때문이 아니었을까? 그런 동조를 거부한
다는 건 그의 눈 밖에 나는 일이고, 이는 여권에서 가장 유
력한 스피커의 지지를 잃는다는 걸 의미했다. 여권 인사들
은 그게 두려워 앞다투어 사실상 김어준에 대한 충성 발언
을 이어갔던 건 아닐까?

　　앞서 거론한 추미애 아들의 '황제 복무' 의혹이 터졌
을 때 민주당 의원 정청래가 보인 활약상을 잠시 감상해보
자. 정청래는 9월 8일 〈김어준의 뉴스공장〉에 출연해 추
미애 측 보좌관이 군에 '청탁 전화'를 했다는 의혹과 관련,
"아들과 보좌관이 친하니까, 엄마가 아니라 보좌관 형한테
'이럴 때는 어떻게 해야 하느냐'고 물어봤다는 것"이라며
"식당에 가서 김치찌개 시킨 것을 빨리 달라고 하면 이게
청탁이냐, 민원이냐"고 했다. 그는 추미애가 청탁 전화 의
혹에 대해 "그런 사실이 없다"고 한 게 거짓말이라는 지적
에 대해선 "지엽적이고 아주 곁가지 일"이라고 했다.[37]

　　이에 진중권은 "더불어민주당 사람들은 평소에 식당

에서 김치찌개 시켜먹듯 청탁을 하나 보다"라고 했다. 그는 "하여튼 잘못해놓고도 절대 인정을 안 한다. 대신 잘못이 잘못이 아니게 낱말을 새로 정의하려 든다"며 "청탁이 재촉이 됐으니, 재촉은 청탁이 돼야겠죠. 가령 '가을을 청탁하는 비'"라고 비꼬았다. 그러면서 "사회를 혼탁하게 만드는 자들은 먼저 언어부터 혼란시키려 한다"고 비판했다.[38]

TBS의 광고는 어땠을까? 2020년 10월 국회 과학기술정보방송통신위원회 소속 국민의힘 의원 조명희가 한국언론진흥재단에서 제출받은 '정권별 정부 광고 집행 내역'에 따르면, TBS는 박근혜 정부 4년을 통틀어 광고비가 약 31억 원이었지만 문재인 정부 3년 동안 약 102억 원의 정부 광고를 받았다. 언론사별 광고비 집행 금액 순위로 보면 TBS는 박근혜 정부 때 30위였다가, 문재인 정부 땐 19위로 급상승했다.[39] 특히 국민권익위원회는 최근 3년간 전체 라디오 광고 집행액 가운데 17.5퍼센트를 〈김어준의 뉴스공장〉 한곳에 몰아준 것으로 나타났다.[40]

방송통신위원회·방송통신심의위원회(방심위) 국정감사에서 국민의힘 의원 황보승희는 "〈뉴스공장〉 사회자가 라디오와 TV에 동시 방송을 하면서 출연료를 중복 수령하고, 출연료가 라디오 150만 원, TV 50만 원으로 하루 200만 원이라는 제보가 있다"며 "(확인하기 위해) 서울시에 자료를 요청했으나 받지 못했다"고 말했다. 황보승희는 "서울시는 김어준 씨가 동의하지 않아 자료 제출을 할 수 없다고 한다"면서 "이의가 있다면 김씨는 이의 신청을 하고 자료를 통해 이 같은 주장을 반박하면 될 것"이라고 말했다. 〈김어준의 뉴스공장〉이 주 5회 방송되는 것을 감안하면 김어준 수입은 주당 1,000만 원, 연간 5억 원이 될 것으로 추산되었다.[41]

'정신적 대통령' 김어준의 파워

"문재인 정부가 만드는 나라가 궁금하면 교통방송 〈김어준의 뉴스공장〉을 듣기 바란다. 진중권이 왜 김어준을 정신적 대통령이라고 했는지 이해될 것이다. 국내 문제는 팩트와 상관없이 거의 김어준 말대로 전개된다. 옵티머스 펀드 사태가 커지자 지명수배 중 출국한 이혁진을 등장시켜

'과거에 여권과 관계가 있다는 이유로 권력형 게이트로 뒤집어씌우고 있다 주장하시는 거죠?' 확인해주는 식이다."

2020년 10월 29일 『동아일보』 대기자 김순덕이 「미 바이든 당선 걱정하는 김어준과 집권 세력」이라는 칼럼에서 한 말이다. 물론 외교 문제도 다를 게 없었다. 김순덕은 "문 정권이 도널드 트럼프 대통령의 재선과 북-미 회담을 위해 미 대선 전 북한 김여정의 방미를 추진했음이 뒤늦게 알려졌다. 트럼프가 코로나19에 딱 걸리는 바람에 '옥토버 서프라이즈'는 불발됐다. 이 정권이 그토록 절실하게 트럼프 재선을 원한다는 건 모두가 알게 됐다"며 다음과 같이 말했다.

"트럼프 지지율이 바이든보다 뜨지 않자 김어준은 '그럼에도 불구하고 역전을 해야 한다', '바이든이 뭘 특별히 인상적인 걸 남긴 기억이 없다'며 수도권 공영방송의 중립성을 자유롭게 넘나들었다. '민주당이 승리한다면 오바마 3기가 되는 것인데 오바마 시절 전략적 인내라는 정책은 한국 입장에선 아무것도 하지 않는 것'이라며 노골적으로 북한 걱정을 드러내기도 했다."

김순덕은 한 여당 의원이 "의원들이 국정감사에서 김어준, 유시민 방송대로 질의하더라"며 개탄했다는 걸 소개하면서, "김어준이 아무리 정신적 대통령이라 해도 집권 세력의 싱크탱크는 아니다. 일국의 장관, 대통령을 내다보는 정치인이 라디오 하나 달랑 듣고 국회에서 질의 응답했다고 믿고 싶지도 않다"고 했다.[42] 물론 나라꼴이 말이 아니어서 그리 말했겠지만, 그게 바로 무당형 팬덤 정치의 민낯인 걸 어찌 부정할 수 있으랴. 김어준의 권력은 그를 따르는 신도들의 머릿수와 그들의 열정에서 나오는 것인지라 문재인조차도 무시하기 어려운 것이었다.

진짜 대통령은 사법부를 비난하거나 모욕할 수 없지만, 정신적 대통령은 그걸 마음대로 할 수 있으니 팬덤의 화끈한 지지를 더 누리기 마련이다. 2020년 11월 김어준은 〈김어준의 뉴스공장〉에서 댓글 조작 사건과 관련해 경남지사 김경수에게 징역 2년을 선고한 항소심 재판부를 맹비난했다. 그것도 선고 후 이틀 연속 "억지 (판결)", "야비하다" 등 막말에 가까운 표현을 방송에서 써가며 비난했으니,[43] 이런 방송을 내보낸 TBS는 자신의 정체성을 유튜브로 착각한 건 아니었을까?

진보적 사회 비평가 박권일은『한겨레』에 기고한「그
것은 민주주의가 아니다」는 칼럼을 통해 코로나19가 매우
심각했던 상황에서 나온 '마스크 거부 운동'을 비판하면
서 김어준을 소환했다. 박권일은 "설마 그런 주장들이 무
슨 영향이 있겠냐"며 대수롭지 않게 여길 이들에게 "고개
를 들어 김어준을 보라"고 말하고 싶다며, 그 이유를 다음
과 같이 설명했다.

"그는 'K값' 운운하는 대선 개표 조작설을 제기해 공
론장을 엉망진창으로 망가뜨려 놓고, 또 수많은 음모론들
이 대부분 오류로 드러난 후에도 일말의 사과 없이 방송 활
동을 이어가며 맹활약 중이다. 이후 김어준을 벤치마킹해
개표 조작설을 제기하는 극우 세력을 보면서, 우리는 '김
어준이라는 독'이 얼마나 무시무시한지를 생생히 목격하
였다. 특히 유튜브 전성시대가 도래하며 수많은 '김어준
들'이 원본의 존재감을 위협할 기세로 증식하고 있다. 이제
김어준은 고유명사가 아니라 일반명사다."[44]

도를 넘은 김어준의 오만방자함

"김어준은 〈뉴스공장〉과 '다스뵈이다'에 김남국, 양지열, 신장식 변호사 등을 출연시켜 괴상망측하지만, 일반인은 구별하기 힘든 법적 논리로 제보자들의 증언을 뒷받침하고 검찰의 수사를 공격해서 방송의 신뢰를 덧입혔다. MBC 〈PD수첩〉도 김어준의 가짜뉴스에 화면을 입혀 프로그램을 만들었고 라디오방송 〈김어준의 뉴스공장〉을 시각화했다."[45]

민변 출신 변호사 권경애가 『무법의 시간: 어쩌다 우리가 꿈꿨던 세상이 이 지경이 되었나?』(2021)에서 조국 사태와 관련된 가짜뉴스들을 열거하면서 총평 삼아 담담하게 한 말이다. 김어준의 그런 노고를 감안컨대, 2020년 12월 23일 조국의 부인 정경심이 1심에서 징역 4년을 선고받고 법정 구속되었을 때 김어준이 느낀 충격이 컸으리라는 건 얼마든지 짐작할 수 있지만 그는 이성을 잃은 듯 넘어선 안 될 선을 넘고 말았다.

김어준은 〈김어준의 뉴스공장〉에서 "사법이 법복을 입고 판결로 정치를 했다"고 주장했다.[46] 그는 '김어준의 스뵈이다'에선 "기득권이 반격하는 것", "죽어봐라 이 새끼들아, 이런 식의 판결", "결론을 낸 뒤 재판을 요식행위로 진행했다"는 등의 비난을 쏟아냈다. 그는 "그게 유죄면 그 시절 부모들 다 감옥 간다"는 주장까지 했다.[47]

자신이 '조국 수호 운동'의 총사령관 역할을 했다고 해서 사법부까지 비난하고 모욕할 권리가 있다고 생각한 걸까? 다음 날 법무부의 윤석열 검찰총장 정직 2개월 중징계에 대해 법원이 '집행 정지 결정'을 내리자 김어준은 〈김어준의 뉴스공장〉에서 "행정법원의 일개 판사가 '본인의 검찰총장 임기를 내가 보장해줄게' 이렇게 한 것"이라며 "검찰과 사법이 하나가 되어 법적 쿠데타를 만들어낸 것 아니냐"고 했다.[48]

도대체 어디까지, 언제까지 이런 오만방자함을 인내했어야 했던 걸까? 정치평론가 유창선은 24일 페이스북을 통해 "시민들이 낸 세금으로 특정 정파를 대변하는 방송을 하는 것은 잘못된 일이다"라며 "세금 낼 거 다 내고 배제되는 65%의 시민들은 도대체 무슨 꼴인가"라고 지적했다. 그는 "야권의 서울시장 후보는 TBS 개혁과 김어준

퇴출을 공약으로 내세워주기 바란다"고 했다.[49]

12월 25일, 〈김어준의 뉴스공장〉에서 김어준과 출연진은 윤석열의 징계 관련 효력 정지 가처분 인용에 대해 이야기했다. 그 과정에서 김어준은 "이것이 검찰과 사법이 하나가 되어 촛불로 탄생한 정부에 반격하는 법조 쿠데타 시도인가"라고 주장했고, 출연진은 법원 결정에 대해 "엉터리", "정치적 결정", "법조 카르텔 동맹"이란 식의 표현을 썼다. 또 한 출연자는 "이심전심에 의한 연성 쿠데타"라는 식으로 김어준의 주장에 동조했다(방심위는 이에 대해 '주의' 결정을 내렸지만, 이 결정이 나온 건 10개월 후인 2021년 10월 25일이었다).[50]

서울시장 재보궐선거 출마 의사를 밝힌 야권의 경남대학교 교수 김근식은 "국민 세금으로 운영하는 교통방송에 교통과는 아무 상관없는 '일개 방송인'이 정치적 망언을 서슴지 않는 모습. 이제는 더이상 방치할 수 없다"면서 '서울시의 교통방송 지원금 중단과 김어준 방송 폐지'를 공약으로 내세우겠다고 밝혔다.[51]

"김어준의 눈에 들면 뜨고 눈에 나면 죽는다"

전 민주당 의원 금태섭은 12월 31일 자신의 페이스북에 올린 '서울교통방송 〈뉴스공장〉 김어준의 문제'라는 제목의 글에서 김어준이 "너무나 큰 해악을 끼치고 있다"며 "특히 우리 사회에서 힘든 처지에 있는 분들, 목소리를 내기 어려운 분들에게 큰 상처를 주기도 했다"고 비판했다. 그러면서 "성폭력 피해자들이 두려움을 떨치고 나선 미투 운동에 대해 초기부터 음모론을 제기해 피해자에게 고통을 줬다"는 것, 이용수 할머니를 향해 "기자회견 문서도 직접 쓴 게 아닌 것이 명백해 보인다. 냄새가 난다"고 한 것 등 여러 사례를 제시했다.

그런데 사실 문제는 김어준이 아니었다. 민주당이 장악한 서울시와 TBS, 그리고 바로 민주당이 문제였다. 이들은 김어준과 부족 동맹 관계를 맺고 있었던바, 결국 문제는 문재인 정권이었다. 금태섭에 따르면, "여당 중진 의원들도 그 방송에 출연하려고 줄을 서서 그가 지휘하는 방향에 맞춰 앵무새 노릇을 하고 그의 눈에 들면 뜨고 눈에 나면 죽는 것이 현 여당의 현실이다".

　금태섭의 글에 대해 즉각 서울시장 후보인 민주당 의원 우상호가 반론에 나섰다. 그는 페이스북에 "금태섭 전 의원이 시사 프로그램 진행자 김어준을 문제 삼았다"면서 "서울시장이 되려는 사람의 목표가 시민들의 삶을 어떻게 바꿀 것인가가 아니라, 고작 김어준 퇴출이었다니 어안이 벙벙하고 실망스럽다"고 했다. 또 그는 "김어준의 성향과 스타일이 일반적 저널리스트와 다르다는 것은 이미 알려진 바"라며 "그는 성향은 드러내되 사실 관계에 기초한다는 철학이 분명한 방송인"이라고 평가했다.

　금태섭의 진단이 옳다는 걸 스스로 입증해주려고 했던 걸까? "김어준은 성향은 드러내되 사실 관계에 기초한다는 철학이 분명한 방송인"이라는 말은 김어준조차 동의하지 않을 궤변이었다. 이런 어이없는 주장에 대해 진중권은 "법원의 판결로 보도가 허위로 밝혀져도 그는 정정도 사과도 하지 않는다. 우 의원 말대로 그가 '방송인'이라면 진즉에 퇴출당했을 게다. 그 짓을 하고도 여전히 마이크를 잡는다는 것은 이 정권에서 그의 위상이 단순한 '방송인'

이상임을 뜻한다. 한마디로 그는 정권을 지탱하는 대표적 프로파간디스트다"며 다음과 같이 주장했다.

"김어준이 한 것은 '오보'가 아니다. 오보는 의도되지 않은 허위다. 오보에는 '정정'이 따르고, 청취자는 머릿속으로 그릇된 정보를 지우기 마련이다. 프로파간다는 다르다. 애초에 의도된 허위이기에 절대 교정되지 않는다.…… 권력은 김어준·유시민 같은 선동가들이 '콘크리트 지지층'의 창출과 유지에 필요한 존재임을 잘 안다. 게다가 40%에 이르는 그 콘크리트는 동시에 시청률을 떠받치는 열광적인 청취자이기도 하다. 결국 권력과 자본의 공통의 이해가 이들 선동가의 활약에 이중의 보호막을 제공하는 셈이다."[52]

그렇다. 그게 바로 '증오·혐오 마케팅'을 주요 수단으로 삼는 '팬덤 정치'의 기본 메커니즘이었다. '팬덤 정치'의 주도자는 정치인이 아니다. '진영 스피커'로 불리는 '정치 군수업자'들이다. 정치인은 이들의 눈에 들어야 한다. 이들이 각자의 잇속을 위해 형성한 카르텔 체제에서 정치평론이란 카르텔의 안녕과 지속을 위한 것일 뿐 그 이상

의 의미는 없다. 그러니 정치평론이 어찌 더러운 일이 아닐

수 있겠는가?

민주당을
장악한
'김어준 교주'

김어준을 민주당의 브레인으로 생각한 이해찬

2021년 1월 11일 김어준은 〈김어준의 뉴스공장〉에서 "보 궐선거 시즌이 시작되니까 여러 공약이 등장한다. 그중 하 나가 '〈뉴스공장〉 퇴출'"이라며 "겁먹고 입 다물라고 협 박하고 있다"고 주장했다. TBS 유튜브의 구독자 100만 달성 캠페인 '1합시다'에 대해 사전 선거운동 논란이 일 자, 국민의힘 측이 캠페인에 참여했던 김어준 등을 공직선 거법 위반 혐의로 고발한 것과 관련해 한 말이었다. 그러 자 민주당 의원 정청래는 다음 날 페이스북에 김어준을 향해 "뭐, 〈뉴스공장〉을 폐지한다고? 방송 탄압을 진압하겠어"라며 "쫄지 마, 계속해"라고 썼다. 그는 "그렇게는 안 될 걸"이라며 "왜? 정청래 형아가 있잖아"라고 했다.[1]

보기에 따라선 참으로 아름다운 브로맨스였지만, 김어준이 쫄 거라고 본 건 정청래의 착각이었다. 아니 정청래로선 김어준의 팬덤에 어필하고 싶었을 뿐, 김어준이 자신보다 훨씬 센 권력의 소유자라는 걸 누구보다 더 잘 알고 있었을 게다. 김어준은 정신적 대통령 자리를 유시민과 분점하고 있긴 했지만, 둘의 위상은 '떠오른 태양'과 '지는 태양'의 차이와 같았다. 게다가 김어준은 민주당의 실세 중의 실세라 할 이해찬까지 사로잡은 인물이 아니었던가?

이와 관련, 금태섭이 2021년 1월 하순 SBS 논설위원 윤춘호와의 인터뷰에서 놀라운 이야기를 했다. 그는 "탈당에까지 이르게 된 원인을 제공한 사람이 이해찬 대표 아닌가요?"라는 질문에 이렇게 답했다. "그렇게 생각을 하죠. 언젠가 이해찬 대표와 이야기를 할 기회가 있었는데 '요즘 나는 눈이 나빠서 책을 못 봐' 이러시는 거예요. 대신 유튜브를 본다면서 김어준이 하는 유튜브는 다 봤다면서 김어준이 민주당을 위해 큰일을 한다는 겁니다. 저는 그때 정말 실망했습니다. 사실은 그때 탈당할 생각을 했을지도 몰라요.……김어준을 민주당의 브레인으로 생각하는 당대표하고는 대화가 안 된다고 생각했습니다. 이건 안에서 고칠 수 없는 수준이다라는 느낌이 그때 확 들었거든요."[2]

이거 참으로 기가 막힐 일 아닌가? 오죽하면 진중권이 서구 사회에서 '엽기적 간신의 대명사'로 통하는 그리고리 라스푸틴이란 이름까지 소환했을까? "당대표가 책 대신에 그의 유튜브를 보고, 의원들이 중요한 일을 그와 상의한다. 마치 제정 러시아 말기 황제 부처가 괴승 라스푸틴에게 국정의 자문을 받는 장면을 보는 듯하다. 김어준이 '무학의 통찰'로 민주당을 위해 큰일을 한 것처럼, 무학의 승려도 혈우병 황태자의 피를 멈추는 '영빨'로 궁정에서 귀한 대접을 받았다."

이즈음 유시민은 내리막길을 걷고 있었다. 그는 1월 22일 검찰이 노무현재단 계좌의 금융거래 정보를 열람했다는 의혹을 제기한 것과 관련한 사과문에서 "대립하는 상대방을 '악마화'했다"고 고백했다. 그가 진정성을 갖고 한 말이 아니라는 건 나중에 드러나지만, 어찌되었건 그는 사과를 하긴 했다. 이 점에선 김어준과는 달랐다. 진중권은 그 이유를 "애초에 하는 게임의 성격이 다르기 때문"이라며, 다음과 같이 말했다.

"김어준은 토론이나 논쟁을 하지 않는다. 어차피 그가 하는 것은 진위를 가리는 게임이 아니기 때문이다. 그의 역할은 교주의 그것과 비슷하다. 사이비 교단 안에서 교주는 신의 노릇을 한다. 신이 어디 인간과 논쟁하던가. 신이 '빛이 있으라'고 하면 빛이 생기듯이 김어준이 '냄새가 난다'고 하면 정말 음모가 존재하게 된다."[3]

진보는 '보수의 김어준'을 용인할 수 있나?

서울시장 재보궐선거 국민의힘 예비후보인 서초구청장 조은희는 2021년 2월 15일 〈김어준의 뉴스공장〉에 출연해 "우리 공장장(김어준)은 이용수 할머니 때는 배후가 있다, 미투 때는 문재인 정권에 대한 공작이다, 정경심 교수 재판 때는 법복을 입고 정치를 한다, 윤석열 때는 일개 판사가 쿠데타한다고 했다"면서 편파 방송 사례를 제시했다. 그러자 김어준이 대뜸 꺼낸 말이 걸작이었다.

김어준은 "TV조선을 너무 많이 보신 것 아닌가"라고 했는데,[4] 이게 바로 김어준식 편 가르기의 정수精髓였다. 그의 추종자들이 상대편의 주장을 반박할 때에 즐겨 쓰는 레토릭이기도 했다. TV조선과 『조선일보』는 그들에게 '악마'와 같은 언론이기 때문에 이 매체들에서 나온 이야기는 굳이 반론의 과정을 거칠 필요도 없었다. "무슨 『조선일보』(TV조선)에 나오는 이야기를 하는 거야"라는 한마디로 족했다. 말도 안 되는 궤변의 극치임에도 증오에 눈이 멀면 스스로 그게 꽤 그럴듯한 반론이라고 여기는 심리 상태가 조성되었다.

그게 바로 유시민이 말한 '악마화'의 작동 메커니즘이다. 김어준도 상대방을 악마화하는 데엔 탁월한 재능을 갖고 있는 인물이지만, '악마화'는 늘 부메랑이 될 수밖에 없다. 대립하는 상대방은 온갖 부정적인 특성을 다 갖고 있을망정 결코 악마는 아니기 때문이다. 김어준도 자신이 누리고 있던 위상과 자리는 끊임없이 적과 악마를 만들어내야만 유지될 수 있다는 걸 누구보다 잘 알고 있었을 게다.

공영방송에서 정파적 이익을 위해 나라를 두 개로 찢어 놓으면서 무책임한 음모론을 제기하기도 하고 사회적 약자를 모욕하는 일도 서슴지 않는 방송 진행자가 있다면, 그리고 그런 행태가 반복된다면, 우리가 우선적으로 문제 삼아야 할 대상은 진행자가 아니라 PD들, 담당 간부들, 방송사 대표, 방송 규제 기관들이었다. 그들에게 프로그램 통제권이 있는지를 물어야 했다. 열성 지지자가 많아 청취율 1위의 '효자 상품'인데다 대통령을 포함해 정권 실세들이 사랑했던 진행자인지라 통제권을 발휘할 수 없었다고 한다면, 그래도 괜찮은 것인지 따져 물었어야 했다.

이건 대한민국의 작동 방식에 관한 근본적인 의문을 제기하는 사건이었다. 우리가 아무리 편을 갈라 진영 전쟁을 벌인다 해도 지켜야 할 최소한의 선은 있는 법이며, 이를 검증하기 위해선 역지사지易地思之를 해야만 한다. 당신이 진보라면 '보수의 김어준'을 옹호하거나 용인할 수 있는지 말이다. 물론 '진보의 김어준'이 진보를 망쳤듯이, '보수의 김어준'도 보수를 망치겠지만, 우리가 서로 망하자고 정치를 하고 정치에 참여하고 정치에 관심을 갖는 건 아니잖은가?

"김어준은 TBS의 '삼성전자' 같은 존재"

"한마디로 얘기하면, TBS의 유일한 킬러 콘텐츠다. 〈뉴스공장〉 이전과 이후로 TBS가 달라진 것도 분명한 사실이다. 한국 경제에 비유하면, 삼성전자 정도의 비중이 되겠다 (웃음). 삼성전자가 잘되어야겠지만, 경제의 다변화를 위해서는 삼성전자만 잘되는 것도 곤란하다. 〈뉴스공장〉은 제작비 대비 몇 배의 수익을 올리고 있다. 일부에서는 〈뉴스공장〉 같은 프로그램에 왜 시민 세금을 쓰냐는 식으로 비판하는데 역으로 〈뉴스공장〉이 벌어들인 수입으로 TBS의 다른 프로그램들을 지원하는 상황이라고 할 수 있다. 그러나 〈뉴스공장〉에 맞먹는 콘텐츠를 개발한다는 게 쉽지가 않다."[5]

    TBS 대표이사 이강택이 TBS가 서울시의 미디어재단으로 바뀐 지 정확히 1주년이 되는 2021년 2월 17일

『오마이뉴스』인터뷰에서 "TBS에서 김어준은 어떤 존재인가?"라는 질문을 받고 한 말이다. 김어준이 TBS의 '삼성전자' 같은 존재라는 건 얼마든지 좋게 해석할 수도 있지만 동시에 김어준이 TBS에서 '성역'으로 군림할 수 있는 근거가 된다는 점에서 양면성을 갖고 있는 것이었다. 법적·윤리적으로 아무리 많은 문제가 있다 하더라도 삼성전자를 자랑스럽게 생각하면서 반드시 지켜야 한다고 생각하는 국민이 많듯이, TBS도 김어준을 반드시 지켜야 할 충분한 이유가 있는 셈이었다.

이강택은 같은 날『미디어오늘』인터뷰에선 "새 서울시장이 누구냐에 따라 TBS 미래가 달라질 수 있다는 우려의 목소리가 있다. 정말 TBS 거버넌스가 서울시로부터 완전히 독립했느냐는 물음이기도 하다"는 기자의 질문에 다음과 같이 답했다.

"TBS에 대해 제대로 모르고 하는 말씀이다. 과거 기준으로 현재를 이야기하고 있다. 내가 대표가 되고 나서 서울시장과 관계는 입헌군주제 같았다. '시장은 존재하나 권한은 행사하지 않는다.' 그만큼 TBS 자율성이 높아지고 있었고, 지난해 재단법인화를 기점으로 그 단계마저 넘어선 것이다. 제도로 정착돼 있다. 한국 사회 수준이, 한국의 민주주의가 그렇게 약하다고 생각하지 않는다. 시장 한 사람 바뀌었다고, 시장 영향이 법적 제도적으로 미치지 않는 곳까지 간섭하고 마음대로 할 수 있는 시대는 지나갔다. 지금은 2021년이다."[6]

일견 타당한 말씀처럼 보이지만, 최소한의 역지사지易地思之가 결여되어 있다는 점에서 동의하기 어려운 주장이었다. 입장 바꿔놓고 생각해보자. 보수 정권(또는 보수 지방정부)에서 보수 정파성을 잘 구현해줄 수 있는 사람을 방송사의 대표로 영입해 보수 일변도의 방송을 해온 상황에서 진보 정권(또는 진보 지방정부)이 들어섰다고 가정해보자. 그 방송사 대표가 방송의 정치적 독립을 내세워 계속하던 대로 하겠다고 그러면 동의할 수 있겠는가? 그게 우리가 정녕 원하는 정치적 독립은 아니잖은가?

김어준의 박원순 성추행 피해자 모독

2021년 4·7 서울시장 재보궐선거를 한 달여 앞둔 시점에서 국민의힘 예비후보 오세훈은 "〈김어준의 뉴스공장〉은 친문 인사들의 놀이터가 된 지 오래"라고 했지만,[7] 친문 인사라고 해서 모두에게 그런 기회가 동등하게 부여되는 건 아니었다. 열린민주당 서울시장 후보인 김진애는 "'박영선(민주당 서울시장) 후보에 올인하고 밴드웨건하는 TBS 김어준 공장장이 낯설게 보인다'고 민주당 당원들, 택시 기사님들이 가장 많이 얘기해준다"며 김어준에 대해 "이제는 지킬 기득권이 너무 많아진 걸까요?"라고 물었다.[8]

　　김어준이 단지 맹목적 충성만으로 자신의 기득권을 키워나간 건 아니었다. 그는 머리, 특히 정치적 머리가 좋은 사람이었다. 3월 초순 한국토지주택공사LH 직원들의 땅 투기 사태가 터지자 문재인 정권 사람들의 "전 정권 탓", "검찰 탓", "윤석열 탓" 공세가 볼 만했다. 하지만 모두 다 '정신적 대통령'으로 불린 김어준보다는 한 수 아래였다. 김어준은 아예 이렇게 뒤집기를 시도했으니 말이다. "내부

정보를 이용한 부동산 투기는 언제나 있어왔다. 현 정권은 그것을 똑바로 들여다볼 용기와 해결할 의지가 있는 최초의 정권이다."[9]

김어준은 머리도 좋았지만 잔인하기도 했다. 3월 17일 고故 박원순 전 서울시장의 성추행 피해자가 기자회견을 통해 모습을 드러내자 김어준은 다음 날 〈김어준의 뉴스공장〉에서 피해자를 겨냥해 "굳이 나선 이유를 모르겠다"며 "어제 메시지의 핵심은 (재보궐선거에서) 민주당 찍지 말라는 것 아닌가"라고 말했다.

이어 김어준은 "그동안의 본인(피해자) 이야기와 어제 행위는 전혀 다른 차원이 되는 것"이라며 "어제 행위는 선거 기간 적극적인 정치 행위가 되는 것이고, 본인이 그러고 싶으면 그럴 자유는 얼마든지 있다"고 부연했다. 그러면서 그는 "그러나 그렇게 하는 순간부터 별개의 정치 행위에 대한 비판은 다른 차원이 되기 때문에 그걸 비판한다고 2차 가해라고 하면 안 된다"고 주장했다.[10]

이는 박원순 성추행 피해자에 대한 노골적인 모독이 아니고 무엇인가? 김어준은 무슨 피해자도 아닌데다 자신의 본분에 어긋나는, 선거에 영향을 미칠 수 있는 정파적 주장을 마음껏 해댔다. 그러면서도 엄청난 심적 고통에 시달리고 있는 성추행 피해자는 선거 기간에 쥐죽은 듯 조용히 지내야 한다니, 이게 말이 되는가? 도대체 사람이 얼마나 뻔뻔해져야 이런 말을 그렇게 당당하게 해댈 수 있단 말인가?

"김어준이 최순실보다 나쁘다"

2021년 3월 20일 『김어준이 최순실보다 나쁘다』는 흥미로운 책이 출간되었다. 문파(문재인 열혈 지지자) 내부의 분열을 다룬 책이었다. 문파 내부의 소수파인 반反김어준 문파('파란장미시민행동' 등)에 속하는 최인호는 "나는 '김어준파쇼'의 종식을 위해서 이 책을 썼다"며 이렇게 주장했다. "이른바 '우리 깨시민'의 의식과 정서가 김어준을 닮아 있기 때문에 김어준이 '우리' 안에서 그렇게 괴물로 성장할 수 있었고, 급기야 그 괴물이 '우리'를 우리도 모르게 기망하고 능욕해도 그것을 깨닫지 못하는 지경에 이르렀다."[11]

이 책의 핵심 주장은 김어준과 그의 일행이 자신들의 잇속을 위해 선량한 문파를 기만하면서 이용했다는 것이다. '파쇼'나 '괴물'이라는 표현은 그만큼 김어준에 대한 배신감과 분노가 크다는 걸 말해주는 것으로 이해하면 되겠다. 최인호는 김어준파를 호위하는 댓글 알바 부대의 활약상을 실증적으로 보여주면서 이런 '사이버 정치 깡패'로 인해 "'이명박근혜' 시절보다 더 자유가 없다"며 다음과 같이 주장했다.

"'이명박근혜' 시절보다 더 주눅 들고 더 긴장되고 더 조심하게 되었다. 글 하나 쓰고 말 한마디 할 때마다 여러 가지 우려가 머릿속을 파고든다. 혹시 내 주변 사람들이 댓글로 비판하면 어떡하지? (유튜버 같은 경우에는) 혹시 이런 말 했다가 구독자가 확 줄면 어떡하지? 『딴지일보』에서 내 이름 걸어놓고 집중 비난하면 어떡하지? 커뮤니티에서 강퇴당하진 않을까? 이런 생각들이 머릿속에 떠오른다면 우리는 자유로운 사회에 살고 있다고 말할 수 없다. 상시적 검열 속에서 살고 있는 것이다."[12]

『김어준이 최순실보다 나쁘다』는 책이 중요한 것은

'김어준 권력'의 작동 방식과 효과에 대해 이런저런 흥미로운 사실들을 생생하게 잘 보여주고 있다는 점이다. 이 책엔 평범한 문파들의 글이 여러 편 실렸는데, '아킴'이란 필자는 김어준을 신봉하는 동생들에 대해 다음과 같이 말했다.

"걔들은 틈만 나면 '어준이가 없었으면 어쩔 뻔했어.' '어준이가 다 알려줘.' '어준이가 하라는 대로 하면 돼.' 이런 식의 도저히 납득이 안 가는 말을 해댔다. 내가 그 말에 '걔가 뭔데? 걔가 나라를 구했냐?' 하면 어준이가 문재인도 대통령 만들고, 박근혜도 감옥 보내고, 이명박의 온갖 비리를 추적하고, 나랏일을 다 하고 있다는 걸 모르냐며 내가 아무 말도 못하도록 히스테릭한 반응을 보였다. 나는 딱히 털보의 활동에 대해 아는 바가 없어서 '김어준이 그렇게 대단해?' 그러면서 별 반박도 못하고 불쾌한 기분으로 대화를 덮곤 했다."[13]

이 책은 김어준이 전 민주연구원장 양정철과 함께 '윤석열 검찰총장 만들기'를 했고, 2019년 8월 27일 검찰의 조국 자택 압수수색 후에도 윤석열을 옹호했다고 지적했다. 김어준은 2019년 9월 〈김어준의 뉴스공장〉에서 "개인적으로 저는 윤석열 총장을 신뢰해요. 혹자는 왜 정치적 야심, 뭐 이런 얘기하잖아요? 제가 알기로는 전혀 아닙니다"라고 했고, 2019년 12월 '유시민의 알릴레오'에선 "윤석열 총장의 정치적 야심설은 낭설에 가깝다고 보나……충정이라는 단어가 저한테 딱 꽂혔는데 저는 거기에 윤 총장의 진심은 담겨 있다고 생각합니다"라고 했다. 그러다가 윤석열에 대한 여권의 시각이 완전히 바뀌는 등 상황이 변하자 2021년 3월부터 윤석열을 버리면서 이른바 '과거 세탁'에 들어갔다는 것이다.[14]

최인호는 언론 인터뷰에서 김어준에 대해 "국민 세금으로 운영되는 프로그램의 진행자이자 언론인이 특정 정당이나 정치세력의 상징, 수호자를 자임하는 것은 명백히 잘못됐다"며 이렇게 말했다. "본래 사회·정치 현상은 보편 가치, 즉 다수에게 긍정적 영향을 미치는지, 부정적 영향을 주는지를 기준으로 판단해야 한다. 하지만 지금은 특정 인물이 어느 진영 소속인지, 해당 사건이 어느 진영에 득이 되는지를 기준으로 삼는다. 사고의 정립도 여기서 시작한다. 그러다 보니 자신과 다른 외집단에 대한 힐난, 겁박은 거세지고 있다."[15]

"서울시장이 김어준의 밥그릇이나 지켜주는 자리인가?"

김어준이 아무리 나쁘다 해도 문재인 정권에는 4·7 서울
시상 재보궐선거를 위해 김어준의 선전·선동이 절실히 필
요했다. 선거를 2주 앞둔 2021년 3월 24일 민주당 의원 송
영길은 "〈김어준의 뉴스공장〉이 없어질 수 있다"며 민주당
후보 박영선을 지지해줄 것을 호소했다. 이는 국민의힘 후
보 오세훈이 "시장 되면 TBS 재정 지원 중단할 수 있다"고
경고한 것과 관련해 나온 발언이었다. 송영길은 "〈손석희
의 시선집중〉을 넘어선 역대 시사 1등은 물론, 〈컬투쇼〉의
아성까지 넘어선 초유의 대한민국 1등 시사 프로그램이
사라질 수 있는 것"이라며 "김어준, 그가 없는 아침이 두려
우십니까? 이 공포를 이기는 힘은 우리의 투표입니다. 오
직 박영선! 박영선입니다"라고 외쳤다.

　이에 진중권은 "어쩌다가 서울시장이 고작 김어준의
밥그릇이나 지켜주는 자리로 전락했을까?"라고 물었다.[16]

변호사 권경애는 "정치적 반대자들을 적으로 상정해놓고, 냄새 피우는 음모론이나 가짜뉴스를 유포하는 〈뉴스공장〉이 무슨 언론이란 말인가"라면서 "송 의원님. 조국 사태 때는 그래도 정신 붙잡고 계시더니, 왜 거기까지 가십니까"라고 쏘아붙였다.[17]

이즈음 '김어준의 다스뵈이다' 패널 과반이 TBS 〈김어준의 뉴스공장〉 패널로 활동하는 등 공사 구분이 흐릿하다는 이야기가 나왔다. 『주간동아』가 2021년 4월 1일 기준 '김어준의 다스뵈이다' 출연진을 전수 조사한 결과 전체 패널 66명 중 과반인 40명(60.6퍼센트)이 〈김어준의 뉴스공장〉에 출연하거나 전화 인터뷰한 것으로 확인되었다.

정청래, 박주민 등 민주당 소속 의원은 물론 변호사 서기호, 양지열, 신장식, 여론조사 전문가 이택수(리얼미터 대표), 박시영(윈지코리아컨설팅 대표), 윤희웅(오피니언라이브 여론 분석 센터장) 등 각 분야 인력도 두 프로그램을 종횡무진했다. 이에 대해 시사평론가 김수민은 "문제의 핵심은 김어준이 자신과 같은 시각을 가진 특정 패널들에 기대어 방송을 진행한다는 점이다. 확증 편향을 강화하는 패널들 위주로 두 프로그램을 진행하다 보니 상호 의존도 심화하고 있다"며 "특히 〈뉴스공장〉은 민주당 주류파를 제외한 다른 정당 인사들의 발언 기회를 충분하게 보장하지 않고 있다"고 지적했다.[18]

선거 민주주의를 부정하는 〈김어준의 뉴스공장〉

2021년 4월 5일 〈김어준의 뉴스공장〉은 야당 측 반론은 언급하지 않은 채 약 1시간 반 동안 국민의힘 오세훈·박형준 후보 관련 의혹을 제기하는 익명의 제보자 5명의 인터뷰를 내보내 큰 논란을 빚었다.[19] 이에 정치평론가 유창선은 "TBS는 선거 기간을 맞아 노골적으로 더불어민주당 캠프 방송이 됐다"며 "이쯤 되면 시민들에 대한 조롱이며 능멸"이라고 했다. 이어 "최악의 공영방송 사유화, 정파화 광경"이라며 "공영방송이 선거 민주주의를 부정하고 있다"고 비판했다.[20]

〈김어준의 뉴스공장〉은 '선거 민주주의를 부정'하는 광기를 보였지만, 4·7 재보궐선거는 국민의힘의 압승으로 끝났고, 서울 시민들은 18퍼센트포인트 차이로 박영선 (39.18퍼센트)이 아닌 오세훈(57.5퍼센트)을 선택했다. 진중 권은 "이번 선거에서 민주당 선대본부장은 바로 김어준" 이었다며 민주당의 패인을 "〈김어준의 뉴스공장〉을 비롯 한 음모론자와 거짓말을 믿어주는 이른바 '대깨문'이라는 광신도 같은 집단에 끌려다녔기 때문"이라고 했다.[21]

민주당 내 '소신파'로 꼽힌 전 의원 김해영은 "민주 당의 제대로 된 성찰과 혁신을 위해서 분명히 짚고 넘어가 야 할 부분이 있다"며 "조국 사태와 추미애 전 장관과 윤 석열 전 총장 문제, 부동산 실책"이라고 했다. 그는 "조국 사태에서 민주당이 너무나 큰 실책을 했다고 생각한다"며 "저는 지금도 당에서 조국 전 장관을 왜 그렇게 지키려 했 는지 이해할 수가 없다"고 했다.

이에 대해 김어준은 〈김어준의 뉴스공장〉에서 "이럴 때 튀어나와 발언하는 분들이 꼭 있다"며 "대체로 소신파 라고 띄워주지만, 이분들 말대로 하면 망한다"고 주장했 다. 그는 "원래 선거를 지는 쪽에서는 대체로 그 선거에 가 장 도움이 안 됐던 분들이 가장 도움이 안 될 말을 가장 먼

저 나서서 한다"며 "소신파가 아니라 공감대가 없어서 혼자가 된 것"이라고 했다.[22]

석고대죄를 해도 모자랄 판에 이런 엉뚱한 인신공격을 도피처로 삼다니, "경이로운 김어준의 정신세계"라는 말이 괜한 말은 아니었다.[23] 야권으로선 나쁠 게 없었다. 유창선은 "앞으로 전개될 대선 정국에서도 김어준이 편파 방송으로 맹활약한들 결집하는 팬덤들보다 등 돌리는 시민들이 훨씬 많을 것이다"며 "민주당은 이미 김어준들과 한 패거리로 인식되고 있으니 그 피해는 민주당에게 고스란히 돌아갈 것이다"고 전망했다.[24]

민주당 인사들의 낯 뜨거운 김어준 찬양가

그럼에도 여권은 여전히 '김어준 없는 아침'은 상상할 수조차 없다는 듯 지독한 '김어준 중독' 현상을 보였으며, 중독이 심한 사람들은 앞다투어 김어준을 지키기 위한 지원사격에 나섰다. 그건 "누가 더 궤변을 잘하는가?"를 겨루는 경쟁처럼 보였다.

열린민주당 의원 김의겸은 2021년 4월 21일 YTN 라디오 〈황보선의 출발 새아침〉에 나와 김어준과 〈김어준의 뉴스공장〉의 정치적 편향성에 대해 "우리나라 언론 지형 자체가 지나치게 한쪽으로 기울어져 있다고 생각한다"며 "기울어진 언론 상황에서 조금이라도 균형을 잡아보려는 시도"라고 했다. 그는 "(김어준의) 정치 편향성에 대해 주로 야당이 문제 제기를 하고 있는데, 전체적인 판을 봐야 한다고 생각한다"며 "다른 목소리를 들어보고 싶어 하는 열망이 김어준 씨가 운영하는 프로그램으로 몰려갔다"고 했다. 이어 "그 프로그램 하나만 떼어놓고 보면 편향성 문제를 제기할 수 있다고 생각한다"면서도 "전체적, 근본적으로 기울어진 상황에서 그나마 조금이라도 균형을 잡아보려는 시도가 아닌가 생각한다"고 했다.[25]

4월 22일 민주당 의원 정청래는 "김어준 귀한 줄 알아야 한다. 김어준의 천재성 때문에 마이너 방송에 불과한 TBS 〈뉴스공장〉에 청취자들이 열광하는 것이 아닌가"라면서 "청취율 1위가 증명하지 않는가. 라디오방송 역사의 신기원"이라고 극찬했다. 이어 "그를 스토킹하며 괴롭힐수록 김어준의 가치만 더 각인될 뿐이다. 멍청한 짓"이라며 "김어준에 대한 열등감인가. 부러우면 지는 것"이라고 했다.[26]

4월 23일 전 법무부 장관 추미애는 김어준 방송에 대해 "'언론 상업주의'에 맞서 고군분투하고 있다"고 예찬했다. 이어 "주인인 시민을 위한 방송, 팩트에 기반한 방송, 시민의 알 권리를 존중하는 방송, 진실을 말하는 방송이 하나라도 있어야 하는 것"이라며 〈뉴스공장〉이 정치적으로 편향된 것이 아니라 다른 언론들이 '언론 상업주의'에 너무 빠져 있는 것이 문제"라고 주장했다.[27]

감사원의 TBS 감사 가능성이 불거지자 일부 민주당 의원들은 특정 공영 언론을 대상으로 하는 직무감사 등을 제한하는 내용의 법안을 준비하는 작업에 돌입했다. 이에 대해 전 국민의힘 최고위원 이준석은 "검찰 개혁이 사실상 조국 수호고, 언론 개혁이 사실상 어준 수호"라고 비판했지만, 이는 상징을 숭배하는 문재인 정권의 '주술 정치' 또는 '무당 정치'를 모르고 한 말이었다.

민주당 의원 안민석이 고백했듯이, 〈뉴스공장〉은 국정 농단 폭로, 촛불 혁명, 탄핵, 정권 교체와 두 전직 대통령

의 구속에 이르기까지 세상이 바뀌는 현장에서 촛불 역사
의 중심에 있었다". 그 밖에도 "그나마 진실을 이야기하는
언론"(우원식), "기득권과의 싸움 최전선에 있다"(김용민)
등과 같은 예찬론이 쏟아져 나왔다.[28]

'김어준 교주'를 모시는 신앙 공동체

2021년 4월 28일 『미디어오늘』은 김어준 관련 기사에
서 "김어준이 뉴스를 삼켰다"고 했다. 포털사이트 다음에
서 3월 27일에서 4월 26일까지 '김어준' 키워드로 검색하
면 3,560건의 기사가 뜨는데, 이는 매일 100건 이상의 김
어준 기사가 쏟아졌다는 걸 의미하는 것이었다. 이 기사는
"김어준은 온라인 공간 곳곳에서 회자되고 있다. 팩트체
크넷의 온라인 실시간 모니터 프로그램을 통해 같은 기간
'김어준' 키워드가 들어간 온라인 커뮤니티, 트위터(리트윗
포함) 등을 집계한 결과 10만여 건에 달했다"며 다음과 같
이 말했다.

　　"어느 정도의 관심일까. 구글의 검색량 추이를 분석

하는 구글 트렌드를 통해 같은 기간 김어준 키워드의 검색량을 비교해보면 유력 대선 주자인 이재명 경기도지사에 앞선다. 윤석열 전 검찰총장에는 밀렸지만, 시기에 따라 엎치락뒤치락하는 양상이다. 지난 일주일 동안 김어준 키워드는 윤호중 더불어민주당 원내대표보다 3배가량 많았다."[29]

물론 민주당 인사들의 김어준 찬양가도 김어준 관련 뉴스의 홍수 사태에 일조했다. 김의겸은 4월 29일에도 KBS 〈최경영의 최강시사〉에 출연, 김어준 논란에 대해 "지금 야당이 퍼붓고 있는 공격은 과도하다"며 "(김어준 방송에) 강제로 입에 재갈을 물리려고 하는 정치적 의도가 분명하다"고 했다. 그는 "김씨가 작가 몇 분하고 같이 일하고 있는 것으로 알고 있다"며 "대형 언론사에 비해 가내 수공업 하는 김어준을 1대 1로 대응을 하면서 언론으로서의 저널리즘 책임을 똑같은 기준으로 묻는 것은 공정하지 않다"고 했다. 이어 "(김어준에 대해) 편파 방송이라고 하는데, 그런 기준으로 본다면 김어준만 공격 받을 거냐, 지금 종편에 널려 있는 방송을 한 번 균형 있게 같이 검토해보자"며 "수천, 수만 명 기자가 일하고 있는 대형 언론사가 오히려 반

성할 대목이 있다"고 했다.[30]

공영방송(TBS)과 민영방송(종편)의 차이조차 구분하지 못하는 궤변, 그리고 이른바 '기울어진 언론 운동장' 타령에 '논점 흐리기' 수법이 가미된 궤변이었다. '기울어진 언론 운동장' 타령은 지난 30년 넘게 귀가 닳도록 들어온 말이지만, 근거를 잃은 지 오래였다. 1990년대 이후 민주당 세력은 그런 '기울어진 언론 운동장'에도 선거에서 많은 승리를 거두었으니 말이다. 6명의 대통령 가운데 3명을 배출했고, 총선과 지방선거에서도 비슷한 또는 그 이상의 성과를 거두었다.

그렇게 이겼을 때마다 나온 민주당 지지자들의 주장을 상기해보라. 예컨대, 2002년 대선에서 승리한 후『오마이뉴스』대표 오연호가 한 말을 들어보자. "2002년 12월 19일, 대한민국의 언론 권력이 교체됐다. 조중동(『조선일보』,『중앙일보』,『동아일보』)이 길게는 80여 년간 누려왔던 언론 권력이 드디어 교체된 것이다. 언론 권력은 종이 신문 직업 기자의 손에서 네티즌, 인터넷 시민기자에게 이양됐다. 네티즌은 본성적으로 인터넷 시민기자들이다."[31]

이후 디지털 혁명이 진전되면서 인터넷과 소셜미디어와 유튜브가 힘을 쓰는 세상이 전개되었다. 시장 논리가 지배하는 이런 새로운 공론장에서 '기울어진 언론 운동장' 타령은 너무 낡았다. 자신의 속을 후련하게 만들어줄 '해장국 언론'을 찾을 정도로 정치적 편향성을 가진 사람들의 머릿수가 중요해진 세상이 되었다. 언론의 편향성 이슈가 '공급'의 문제에서 '수요'의 문제로 전환되었다는 뜻이다. 그런 사람들이 자신이 좋아하는 정당에 대해 언론이 부정적인 편견을 갖고 있다고 생각(착각)하는 '적대적 미디어 효과hostile media effect'도 적잖이 작용했다.[32] 김어준과 'TBS 〈김어준의 뉴스공장〉'의 문제는 이들이 국민 세금에 의존하는 공영 체제하에 있다는 것이지, 민영 체제의 방송까지 끌어들여 균형을 논할 대상이 아니었다.

일부 친문 지지자들이 보수적인 종편과 대적할 '우리 편'이 필요하다며 공영방송의 정치적 독립을 반대하더라도, 김의겸은 그게 올바른 해법이 아님을 이해시켜야 했다. 그럼에도 김의겸이 앞장서서 종편을 '김어준 정당화'의 논거로 삼는 묘기까지 보여주고 있었으니 참으로 딱한 일이다. 정말 왜들 이런 걸까? 왜 여당 정치인들은 앞다투어 김어준 찬양 경쟁을 벌였을까? 왜 때론 아첨도 불사했을까? 도대체 김어준이 뭐길래? 그가 문파의 구심점이자 실세라는 게 그토록 존경스럽다 못해 두렵기까지 했던 걸까?

이즈음 진중권이 그런 물음에 대해 답을 내놓았다. 그는 "여당이 '김어준 지키기'를 하고 있다"며 "김어준이 이들의 신앙 공동체에서 일종의 교주 역할"이라고 주장했다. 이어 "김어준이 없으면 구심점이 사라지는 것이고 김어준을 내친다는 건 민주당이 선전, 선동, 세뇌에 입각한 정치를 하지 않겠다는 선언인데 그걸 할 수는 없을 것"이라고 말했다.[33]

"김어준은 라디오업계의 국내 MVP 투수다"

그런 신앙 공동체에서 큰 역할을 한 정청래는 '김어준 찬양'을 계속 이어나갔다. 2021년 5월 2일 정청래는 "김어준에 대한 공격이 이래도 안 되고 저래도 안 되니까 결국 추접스럽게 출연료를 갖고 물고 늘어진다. 처연하다"고 했다. 그는 "〈뉴스공장〉은 라디오 청취율 부동의 압도적 1위이고, 당연히 이로 인해 광고 수입의 톡톡한 효자가 됐다"며 "야구로 치면 김어준은 라디오업계의 국내 MVP 투수다. 김어준의 출연료가 안 높으면 그것이 이상한 것"이라고 했다.

정청래는 이어 "〈뉴스공장〉이 교통방송을 먹여 살리고 있다"며 "김어준은 프로다. 에이스 투수고 에이스 골게터"라고 치켜세웠다. 그는 "'손흥민 연봉이 왜 감독보다 높냐', '똑같은 진행자인데 왜 유재석은 누구의 10배를 받고 있냐'는 것과 같다"며 "수요와 공급의 자본주의 시장 원리를 부정하는 것과 뭐가 다르냐"고 주장하기도 했다.[34]

이게 말이 되는 말인가? 정청래의 주장은 전형적인 '골대 옮기기' 궤변이라는 지적이 나왔다. 국민의힘 서울 송파병 당협 위원장인 김근식은 "〈김어준의 뉴스공장〉 문제점은 세금으로 운영되는 지상파방송이 정치적으로 편향돼 방송의 공정성을 심히 훼손한다는 점"이라며 "이 지적에 반론하지 않고 김어준 출연료를 유재석, 손흥민과 비교해 정당화하는 것은 전형적인 '골대 옮기기' 궤변"이라고 했다. 또 "국민 세금이 특정 정파의 정치적 옹호 방송으로 쓰이고 있다는 점이 본질적 문제"라고 했다.

김근식은 "유재석은 국민 MC이고 정치 발언 안 하는 연예인, 손흥민은 글로벌 스타이고 정치 행동 안 하는 스포츠 선수"라며 이들이 높은 수익을 올리는 것은 자연스러운 시장의 원리라고 했다. 이어 "김어준은 친문 MC이고 편향적 정치 발언을 하니까 국민 세금으로 높은 출연료를 받으면 안 된다는 것"이라며 "김어준을 유재석, 손흥민과 동급으로 비교하는 건 궤변일 뿐"이라고 했다. 김근식은 세금으로 운영되는 TBS의 정치적 편향 논란에 대해서도 "KBS는 수신료로 운영되기 때문에 방송의 공정성을 위해 여야 추천 이사가 존재하고 보도의 엄격한 중립성을 요구받는 것"이라고 했다. 이어 "세금으로 운영되는 〈뉴스공장〉이 KBS만큼이라도 공정성을 유지하라는 것"이라고 했다.[35]

〈김어준의 뉴스공장〉의 청취율을 유지시켜주는 데엔 정권 차원의 밀어주기도 일조했다. 2020년 〈김어준의 뉴스공장〉 전후에 방송되는 캠페인 협찬에 정부·지자체·공공기관이 쓴 돈은 31억 원이었다.[36] 광고 수입도 대부분 정

부·지자체·공공기관의 호주머니에서 나왔다. 서울시교육
청은 최근 3년간 전체 라디오 광고비의 42퍼센트를 〈김어
준의 뉴스공장〉에 집행했다.[37]

'청취율 1위'를 내세워 반론을 할지도 모르겠다. 그
렇다면 TBS가 균형을 취하기 위해 친여가 아닌 친야 정치
팬덤을 주요 수용자로 삼는 유사 프로그램을 내보낸다고
가정해보자. 문재인 정권에 맹공을 퍼부으면서 친야 지지
자들의 속을 후련하게 만들어주면, 청취율 1위를 다투는
기록을 세우는 건 어려운 일이 아니다. 하지만 돈벌이는 어
려울 것이다. 정부·지자체·공공기관이 균형을 취하기 위
해 광고·협찬비를 친야 프로그램에도 쓸 거라고 믿는가?
기업들이 정권 눈치 전혀 보지 않고 광고·협찬비를 댈 수
있을 거라고 믿는가? "눈 가리고 아웅"이란 말이 있다. 얕
은수로 남을 속이려 한다는 뜻이다. 이러시면 곤란하다.

김어준의 '닥치고 우리 편'에 열광하는 친문 팬덤

한마디로 말해서 공영방송이 정파성이 강한 정치 팬덤을

주요 수용자로 삼는 걸 목표로 기획되고 운영되는 방송 프로그램을 내보내는 것부터가 잘못된 일이었다. 〈김어준의 뉴스공장〉이 돈벌이를 잘하는 건 진행자의 천재성 때문이 아니라 '닥치고 우리 편'을 외치는 김어준에 열광하는 친문 팬덤의 규모 덕분이었다.

그런 점에서 보자면 민주당의 5·2 전당대회 결과는 팬덤 정치의 승리이자 김어준의 승리이기도 했다. 최고위원 5명은 김용민, 강병원, 백혜련, 김영배, 전혜숙 의원(득표율 순) 등 '친문 일색'이었는데, 문자 폭탄을 적극 옹호한 김용민, 강병원, 김영배가 각각 1, 2, 4위를 차지했다. 김용민이 1위를 차지한 것은 권리당원(배점 비율 40퍼센트) 득표율이 결정적이었다. 대의원(배점 비율 45퍼센트) 득표율은 12.42퍼센트로 후보 7명 가운데 꼴찌였지만, 권리당원 득표율(21.59퍼센트)에서 1위를 차지하면서 경쟁 후보들을 눌렀다.[38]

2021년 5월 7일 김용민은 '김어준의 다스뵈이다'에 출연해 "수석(최고위원) 만들어주셔서 감사합니다"라고 인사했다. 이에 김어준은 "보궐선거 직후에 (남들은) 무작정

반성하고 있을 때, 김 의원은 검찰 개혁 완수해야 한다, 언론 개혁 시급하다 이런 주장을 해서 당원들의 마음에 닿았다"고 했다. 김용민은 "저는 선거 기간 내내 개혁만 얘기했다"고 화답했다. 김어준은 "맞다. 『조선일보』가 써준 반성문을 읽으면 (지지자들 때문에 졌다고) 하게 되는데, 김 최고위원은 그게 아니었다"고 칭찬했다.[39]

친문 지지자들이 보기엔 너무도 흐뭇하고 아름다운 광경이었을 게다. 김어준, 정말 대단한 인물이었다. 어느 언론의 기사 제목 그대로 "김어준 한마디에 추미애-김용민-김남국 '개혁, 개혁'"이라고 외치는 일이 벌어지고 있었으니 말이다.[40] 다음과 같은 한 장면도 김어준의 위세를 말해주는 한 에피소드로 볼 수 있겠다.

"(5월 14일 '김어준의 다스뵈이다'에 출연한) 김승원 의원은 '천재시네'라고 두 차례 말하며 김어준 씨를 두둔했다. 같이 출연한 김남국 의원이 '형님, 갑자기 왜 그러세요'라고 묻자 김승원 의원은 '나중에 한 번 더 나올까 한다'라며 농담을 던지기도 했다. 김승원 의원은 이날 방송 공개 전에는 자신의 블로그에 '김승원 의원, 다스뵈이다 출격!'

이라는 제목의 글을 올려 김어준 방송 출연 사실을 홍보하기도 했다."[41]

여권의 실세 중의 실세가 된 김어준

민주당 인사들의 김어준 찬양을 어떻게 이해해야 할까? 이 의문을 기사로 다룬 『조선일보』 기자 신동흔은 2021년 5월 11일 칼럼에서 "우리는 골방에서 팟캐스트 녹음하던 음모론자를 '언론인'이라 부르는 나라에 살고 있다. 음모론의 신전神殿 격인 〈뉴스공장〉에 자주 얼굴을 비친 이들이 청와대 등 요직에 진출하고, 김어준이 유튜브를 찍는 서울 충정로 카페 '벙커1'에는 여당 최고위원 당선자가 찾아와 감사 인사를 한다"며 다음과 같이 말했다.

"최근 찾아가본 이 카페에는 9만 9,000원짜리 김어준 인형에 김어준 얼굴이 그려진 머그컵 같은 굿즈를 팔고 있었다. 품질은 그다지 좋아 보이지 않는데, 가격이 꽤 비쌌다. 제 발로 찾아오는 추종자들에게 뭘 얼마에 판들 뭐라 할 수 없지만, 그가 만들어낸 각종 음모론을 입증하기 위해 지금 우리 사회 전체가 들이고 있는 막대한 시간과 비용에 대해선 책임을 져야 할 것이다."[42]

그러나 그런 책임성은 기대하기 어려운 일이었다. 김어준은 책임을 초월하는 여권 실세 중의 실세였기 때문이다. 6월 12일 김어준이 부친상을 당했을 때 대선 주자 빅3(이재명, 이낙연, 정세균), 전 법무부 장관 조국·추미애를 비롯해 여권 거물급 인사의 대부분이 직접 빈소를 찾아 조문했으며, 여권 인사들이 보낸 조기弔旗가 60여 개에 이르렀다.[43]

어디 그뿐인가? 6월 16일, 김어준이 진행을 맡은 이후 TBS가 서울시와 자치구, 산하기관에서 받은 광고 협찬 수익이 2015년 1억 300만 원에서 2020년 20억 4,900만 원으로 약 20배 가까이 오른 것으로 밝혀졌다. 국민의힘은 "김씨가 매일 200만 원이 넘는 출연료를 받아 5년간 약 23억 원의 수익을 올린 것으로 추정된다"며 구체적인 액수와 계약 내용 공개를 요구했지만, 모두 다 부질없는 일이었다. 민주당이 결사적으로 김어준의 방탄 역할을 자처했기 때문이다.[44]

그래서 야권에선 "지금의 민주당은 높은 곳에 계신

문재인 아버지, 독생자 조국 그리스도, 성령 김어준의 삼위일체를 믿는 신도 집단이 돼버렸다"는 비아냥이 나올 정도였지만,[45] 김어준은 그게 비아냥이 아닌 진실임을 입증해 보이려는 듯 정권 안보의 최전선에서 끊임없는 선전·선동 공세를 이어갔다. 예컨대, 6월 29일 윤석열이 대선 출마 기자회견에서 문재인 정권의 대일 외교를 비판하며 '죽창가를 부르다 경색됐다'는 취지로 말하자, 김어준은 다음 날 〈김어준의 뉴스공장〉에서 "일본 극우와 결을 같이하는 시각 아닌가"라고 주장했다.[46]

공영방송의 시사 프로그램 진행자가 그렇게 노골적인 정파적 비방을 마음대로 해도 괜찮은 나라, 그게 바로 문재인의 대한민국이었다. 대선이 다가올수록 그런 비방은 더욱 기승을 부릴 게 틀림없었다. 정치평론가 유창선은 이를 예견한 듯 7월 1일 페이스북에 올린 '쥴리'라는 제목의 글에서 "집권 세력 안팎의 '쥴리' 찾기는 오늘도 계속된다"며 "내년 3월까지 한철 장사를 해보겠다는 의지들이 역력하다. 아마 내년 2월쯤 되면 쥴리를 본 적 있다고 주장하는 목격자가 김어준 방송에 출연할지도 모르겠다"고 썼다.[47] 2월이 아닌 1월에 출연했다는 것만 빼고 놀라운 선견 지명先見之明이었다.

7월 16일 공개된 '김어준의 다스뵈이다'에서 김어준 이 민주당 의원 박용진과 2030세대를 주제로 설전을 벌 였다. 그런데 다음 날 박용진은 페이스북에 이 방송에서 한 자기 발언 일부가 편집되었다고 밝혔다. 그는 김어준이 '왜 2030만 떠받드느냐'고 할 때 "김어준 씨도 꼰대가 됐 다"고 반박한 것과 '왜 보수 매체에 나가서 당에 쓴소리 해 서 미움을 사느냐'고 할 때 "홍준표·하태경도 (김씨 프로그 램에) 출연하니깐 방송 안 잘리는 것"이라고 이야기한 부분 이 삭제되었다고 했다.[48]

김어준은 왜 그런 짓을 저질렀을까? 이는 그간 김어 준 방송에 출연한 민주당 인사들에게 큰 책임이 있었다. 이 들은 김어준 방송에 출연했다는 것 자체를 영광으로 여겨 김어준의 발언에 맞장구를 치기에 바빴고 심지어 아부 발 언도 마다하지 않았다. '교주 김어준'이라는 콘셉트에 맞 게 행동한 것인데, 이게 지지자들에겐 김어준의 말에 맹종 해야 할 근거가 되었다. 그런데 박용진은 그 문법을 깨버렸으니, 그의 문제 발언들을 삭제해야만 '김어준교'가 무난히 유지될 수 있을 게 아닌가?

"와 이 개놈XX들 진짜 열 받네"

2021년 7월 21일 대법원2부(주심 이동원 대법관)는 경남지사 김경수의 '드루킹 댓글 조작 공모' 사건에 대한 상고심에서 징역 2년의 원심을 확정했다. 이에 김어준은 다음 날 〈김어준의 뉴스공장〉에서 대법관 이동원의 이름을 언급하며 비판했다. 그는 "국정 농단 재판에서 '정유라의 3마리 말은 뇌물이 아니다'라는 최순실의 말을 신뢰한 이동원 판사가 이번에는 드루킹의 말을 신뢰한 결과를 제가 바꿀 힘은 없지만, 저는 개인적으로 김 지사의 진실을 전적으로 신뢰한다"고 했다.

이에 국민의힘 의원 조해진은 대법관의 실명을 언급한 김어준을 향해 "전체주의적 발상"이라고 비판했다. 그는 "판결이 마음에 안 든다고 해서 그렇게 매도하는 것은 법치주의, 사법부 독립, 삼권분립을 완전 무시하고 모든 세상에 '내 편 네 편' 잣대를 대고 판단하는 것"이라며 "정말 말도 안 된다. 네 편 내 편 가르는 게 범여권 인사들의 공통점"이라고 했다.

이어 "내 편이면 무슨 일을 저질러도 다 지지하고 순교자처럼 떠받들지만 내 편이 아니라는 생각이 드는 순간 가차 없다"면서 "어제까지 내 편이었던 사람조차도 어느 순간 나와 의견을 달리하면 적으로 돌려 매도하는 그런 형태를 다시 한번 보여주는 것"이라고 했다. 그러면서 "이동원 대법관을 누가 임명했나. 누가 추천했나"라며 "문재인 대통령이 세운 김명수 대법원장이 추천했고 문재인 대통령이 임명했다"고 했다.[49]

이 '드루킹 대선 댓글 조작 사건'은 원래 2017년 김어준의 의혹 제기로 시작된 것이었다. 김어준은 문재인 정부를 비판하는 인터넷 댓글을 두고 "댓글 부대의 매크로 조작"이라고 했고, 이를 받은 민주당 대표 추미애가 "댓글 조작단을 추적해 고발하겠다"고 하면서 불거진 사건이었다. 수사 결과 댓글을 조작한 것은 김경수와 연결된 '드루킹' 일당이었다는 것이 밝혀지면서 "김어준이 쏜 화살에

김경수가 맞는 결과"라는 말이 나왔다.[50]

그렇기 때문에 김어준으로선 '똥 싼 놈'이 화를 내듯 재판부를 욕해야만 자신이 빠져나갈 길이 열린다고 생각했던 건지도 모르겠다. 그는 7월 23일 공개된 '김어준의 다스뵈이다' 171회 영상에선 재판부를 향해 "와 이 개놈 ××들 진짜 열 받네 갑자기. 말도 안 되는 것"이라며 원색적인 비난을 퍼부었다. 이동원에 대해선 "굉장히 보수적인 사람이고 이제껏 내린 판결을 보면 굉장히 뻔했다"며 "전원합의체에 가지 않고 본인이 빨리 결론을 내렸다는 건 대선 전에 유죄를 확정하려는 것이라고 선수들은 전망했다"는 망언도 불사했다.[51]

이에 진중권은 김어준은 물론 당시 함께 방송에 출연해 "맞아요 맞아요"라고 맞장구를 친 민주당 의원 강훈식에 대해 "국민이 뽑아준 대표가 앉아서 그런 방송에 나가서 맞장구나 치고 있으니까 한심한 거다"라고 강하게 비판했다. 그러면서 "지금 김어준이 당대표인가? (강 의원이) 아주 야단맞고 있는 거고 뭐랄까, 구미를 지금 맞춰주고 있는 것"이라면서 "음모론 대가의 그런 허접한 방송에 못 나가서 안달이 나 있다, 라는 것은 정말 한심한 일이고 왜 아직 선을 긋지 못하는지 모르겠다"고 개탄했다.[52]

하지만 김어준이 '일당백'의 역할을 하는 열성 신도들의 대부분을 장악하고 있는데, 민주당 의원들이 어떻게 김어준과 선을 그을 수 있었겠는가? 전투적인 추미애마저 '김어준의 다스뵈이다'(7월 30일)에 출연해 김어준에게서 "여유가 생기다 보니 정치인으로서 더 매력적으로 변하고 있다", "얼굴도 예뻐졌어요"라는 칭찬을 받자, 다소곳한 자세로 다음과 같이 화답하지 않았던가? "남자 중에 이렇게 나를 잘 관찰하고 정리해준 사람이 없었는데 행복합니다."[53]

김어준은 자신이 누리는 정치적·경제적 권력의 원천이 무엇인지 잘 알고 있었다. 그는 8월 13일 '김어준의 다스뵈이다' 174회 영상에서 "조국의 시간은 반드시 온다"며 "대선에서 이기면 된다"고 했다. 그는 "지금 우리 구독자가 몇 명이냐?"고 물으며 "이번 대선은 100만 명으로 치르자"고도 했다. 당시 그의 유튜브 채널 '딴지방송국' 구독자는 84만 2,000명이었는데,[54] 기존 신도들에게 신도 수를 더 늘리는 일에 참여하라고 압박을 가한 셈이었다.

김어준이 왜 민주당 대선 경선에까지 끼어드나?

2021년 10월 10일 이재명이 민주당 대선후보로 결정되었지만, 분쟁의 불씨를 남긴 승리였다. 10일 오후 6시쯤 민주당 대선후보 3차 선거인단 투표 결과가 발표되자 서울 올림픽공원 SK핸드볼경기장 장내가 술렁였다. 압도적인 승리가 예상되었던 이재명이 30만 명의 선거인단이 참여한 '3차 슈퍼위크'에서 28.3퍼센트 득표에 그친 반면, 이낙연이 더블 스코어가 넘는 62.37퍼센트로 압승했기 때문이다. 정치권에선 "이 후보가 성남시장 시절 추진한 '대장동 쇼크'가 뒤늦게 반영된 결과"라는 말이 나왔다.

이재명은 최종 집계 결과 50.29퍼센트(이낙연 39.14퍼센트)를 얻어 결선 투표 없이 본선에 직행했지만, 이낙연 캠프의 공동선대위원장 설훈·홍영표는 밤늦게 입장문을 내고 "경선 무효표 처리에 대한 이의 제기를 규정된 절차에 따라 당 선관위에 공식 제기하겠다"고 밝혔다. 당 지도부가 경선 도중 하차한 정세균·김두관 후보 등의 득표를 무효표로 처리하지 않았더라면 이 후보가 과반을 달성할 수 없었고, 이에 따라 이재명은 49.32퍼센트의 득표율로 계산된다는 것이 이낙연 측 주장이었다. 이낙연 측 지지자 150여 명은 이날 밤 서울 여의도 민주당 당사 앞에 모여 경선 결과에 항의하며 "사사오입 철회하라", "송영길 대표는 사퇴하라" 등의 구호를 외쳤으며, 민주당 당원 게시판에는 "민주당이 부끄럽다" 등 항의성 글이 잇따라 올라왔다.[55]

다음 날 김어준이 나섰다. 그는 〈김어준의 뉴스공장〉에서 "16대 민주당 경선에서도 사퇴한 후보의 표를 무효 처리했다"며 이낙연 측의 주장을 반박했다. 김어준은 12일 방송에서는 "모집단에서 엄청난 여론 변화가 있었다는 건데, 이게 여론조사에서 안 잡힐 수가 없다. 여론조사는 상당히 과학적이다. 안 잡혔다면 통계학적 그래프를 벗어나는 모집단이 3차에서 만들어졌다는 것이 과학적 추론"이라며 "유독 3차에서만 민주당 지지층의 통계학적 분포를 벗어나는 국민선거인단이 구성됐다, 논리적 귀결이 그렇다"며 의혹을 제기했다.

이에 이낙연 측은 보도자료를 통해 "16대 민주당 경선은 결선 투표제가 아니고 선호 투표제였다. 선호 투표제

자체가 중도 사퇴 후보의 득표를 무효화시키는 것을 전제로 한 방식이어서 현재 결선 투표제와 단순 비교할 수 없다"고 반박했다. 김어준이 3차 국민선거인단 모집단 구성과 관련 의혹을 제기한 것에 대해서는 "1~3차에 걸친 국민선거인단은 각 후보 진영에서 자율적으로 모집했다. 각 후보마다 숫자는 차이가 있을지언정 모집 과정에서 외부 입김이나 영향력이 미칠 수 없다"고 했다. 이낙연 측은 "지극히 자의적이고 음모론적인 주장"이라며 "이 같은 일방적 주장은 3차 선거인단의 모집단이 사전에 조작됐을 가능성을 거론한 것으로 당 선관위의 선거 관리에 심각한 문제점을 제기하는 것이다. 이와 함께 이낙연 후보 측의 명예를 훼손하는 행위"라고 했다.

또 김어준은 "대장동 의혹이 결정적 역할을 했다는데 동의하지 않는다"고 했다. 도리어 "이런 급격한 여론 변화가 여론조사에 안 잡힐 수 없다"며 조직적 역투표 가능성을 제기했다. 이에 대해 이낙연 측은 "대장동 개발 사업 실행자인 유동규 전 성남도시개발공사 기획본부장이 구속된 뒤 비판 여론이 더욱 거세졌고, 이재명 후보와 이낙연 후보 간 지지율 격차가 좁혀졌다. 이는 대장동 사건이 직접적인 영향을 끼친 것"이라고 했다. 그러면서 "김씨의 이 같은 부정확·부적절하고도 특정 정파를 옹호하는 듯한 발언이 공영방송의 전파를 통해 국민들에게 가감 없이 전달되는 것은 매우 부적절한 처사"라며 "교통방송 제작진은 이에 대해 응당한 해명과 조치를 취해주기 바란다"고 덧붙였다.[56]

김어준은 왜 민주당 대선 경선에까지 끼어든 걸까? 우문愚問이다. 그건 그의 정치적 상술의 기본이기 때문이다. 그는 문재인에 대해서도 일찌감치 그를 대선후보로 지목함으로써 이른바 '킹메이커' 역할을 하고 그 정치적 지분을 챙김으로써 막강한 정치적 영향력을 행사할 수 있었던 게 아닌가? 이제 이재명이 민주당 대선후보로 결정된 이상 김어준이 할 일은 '이재명 찬가'를 열심히 불러대는 것이었다.

김어준의 노골적인 이재명 선거운동

2021년 10월 22일 공개된 '김어준의 다스뵈이다' 영상에서 김어준은 노골적인 선거운동을 했다. 그는 "돈도 없고 빽도 없고 줄도 없는 이재명은 자기 실력으로 대선후보까지 된 사람"이라며 "이제 당신들이 좀 도와줘야 한다"고 했다. 그는 "자기 실력으로 돌파한 사람의 길은 어렵고 외롭지만 있다. 그런데 그 길로 대선후보까지 가는 사람은 극히 드물고 귀하고 거의 없다"며 "그래서 이재명이 우리 사회에 플랫폼이 될 자격이 있다"고 했다.[57]

이래도 되는가? 이건 교통방송이 아니라 유튜브에서 한 말이니까 괜찮다? 그게 말이 되나? 우문愚問이다. 언제 김어준이 말이 되는 일만 해왔던가? 그는 무소불위無所不爲의 권력이었고, 이제 대선 시즌을 맞아 그에게 맡겨진 역사적 사명은 수단과 방법을 가리지 않고 이재명을 대통령에 당선시키는 것이었다.

그러나 그런 방식의 선거운동이 이재명에게 도움이 될 수 있었을까? 의문을 가진 사람이 많았으며, 민주당 의원 이상민도 그런 사람 중의 한 명이었다. 그는 10월 30일 TV조선 시사 프로그램 〈강적들〉에 출연해 "(김어준 씨가) 하는 것을 그대로 납득하는 극소수의 사람들 말고는 참 기가 찰 얘기를 하는 것"이라며 "민주당에 오히려 염증이나 혐오감만 불러일으킨다"고 비판했다. 이상민은 "그렇게 하려면 당에 들어와서 당직을 맡든지, 책임지는 어떤 것을 하든지 (해야 한다)"라며 "특정 정파에 이롭다는 말을 하지만 결국 특정 정파에도 도움이 되지 않는 말을 해서 반갑지 않다. 그런 발언을 안 해줬으면 좋겠다"고 말했다.[58]

TBS 대표이사 이강택은 김어준의 이재명 지지 발언에 대해 어떻게 생각했을까? 그는 11월 2일 서울시 문화체육관광위원회의 행정사무 감사에서 민주당 시의원 경만선의 'TBS 방송에서 김어준 씨가 대통령 지지 발언을 한 적이 있냐'는 질문을 받고 "(이 후보에 대한) 인간적 연민을 밝힌 것으로 볼 수 있다는 시각이 있다"고 말했다.

이강택은 김어준이 TBS 방송에서 특정 후보를 지지한 적은 없다면서도 "『뉴욕타임스』나 CNN은 선거철에 공개적으로 누구를 지지한다고 한다. 아예 드러내놓고 어떤 성향인지 공표하지 않는 게 오히려 문제라고 보는 시각도 있다"고 덧붙였다. 이어 "사적 영역에서는 (김어준 씨가) 충분히 (지지 의사를 밝히는 것이) 가능하지 않냐는 얘기가 있

다"며 "여러 가지로 짚어볼 지점이 있다"고 말했다.[59]

참으로 한가한 말씀이었다. 혹 TBS가 공영방송사라는 걸 까먹은 건 아니었을까? 이강택의 말보다는 TBS 과학 전문기자 강양구가 이즈음 김어준에 대해 다음과 같이 말한 게 가슴에 와닿았다. "김어준 씨는 엔터테이너로서 감각이 있고, 대중이 궁금해하고 시원해하는 걸 예민하게 포착하는 방송쟁이지만, 그가 언론인이라고 생각하지 않는다. 특정 권력이 계속 재생산되기 위해서 담론을 생산하는 프로파간다 머신, 대표적인 음모론자 아닌가. 팩트를 추구해야 할 언론인과는 거리가 있다."[60]

"대깨문 방송하려면 대깨문 후원금 받아라"

김어준의 이재명 옹호는 때론 눈물겨울 정도로 억지를 써서 보기에 민망할 정도였다. 이재명의 '음식점 총량 허가제' 발언이 논란이 되자, 김어준이 이재명의 과거 발언을 일부만 잘라 내보내 진실을 호도하는 수법을 쓴 게 좋은 예다. 『조선일보』(2021년 10월 29일)에 따르면, 그는 29일 〈김어준의 뉴스공장〉에서 이재명 발언에 대한 언론사들의 보도를 비판했다. "뒷부분을 일단 잘랐다. 마치 공약을 내세운 것처럼 했다"고 말했다. 그러면서 이재명의 27일 발언이 담긴 음성 파일을 재생했다.

방송에서는 이재명이 "하도 식당을 열었다가 망하고 해서 개미지옥 같다. 음식점 허가 총량제를 운영해볼까 하는 생각을 했다"며 "그런데 그것도 자율성 침해하는 거라서 못하고 말았는데……"라고 말한 대목까지만 나왔다. 이를 근거로 김어준은 "원래 정치권에서 상대 후보가 한 말 중에 뒷말이 있더라도 공격할 수 있는 말이 있으면 공격한다. 대선이니 평소보다 더 한다"고 했다. 또 "대선이니까 계속 (논란을) 키울 것"이라며 "외식업 총량제 공약을 발표하려다가 뒤로 물러난 것처럼……"이라고 했다. 이어 "그런 구상을 해본 적도 있는데 불가능하더라는 얘기고, 이 문제는 실제 있다"고 했다.

하지만 실제로 '발언 뒷부분을 자른 것'은 김어준 방송이었다. 〈김어준의 뉴스공장〉이 잘라내고 방송하지 않은 "못하고 말았는데……" 다음에 이어진 이재명 발언은,

"총량제가 나쁜 것은 아니다. 마구 식당을 열어서 망하는 건 자유가 아니다. 좋은 규제는 필요하다. 철학적인 논쟁이 필요하지만 필요하다고 본다. (자영업 실패로) 자살할 자유는 자유가 아니다"는 것이었다. 총량제를 '좋은 규제'로 규정했음에도, 그 대목을 삭제해버렸기 때문에, 이재명이 해당 제도를 시행하지 않았다는 데 방점을 둔 것처럼 들린 것이다.

김어준은 이어서 방송인 백종원의 과거 발언을 끌어와 이재명을 감쌌지만, 이 역시 실제 백종원 발언과는 차이가 있었다. 그는 "3년 전인가 백종원 씨가 국감에서 같은 취지로 발언했을 때는 핵사이다 발언이라고 박수 쳤다"며 "외식업중앙회 물어보면 똑같은 얘기한다"고 말했다. 그는 "제도 명칭이 총량제가 아닐지언정, 그런 방식은 아닐지언정"이라며 "똑같은 문제의식을 얘기한다"고 했다. 그러면서 "해당 업계도 그렇게 얘기한다는데 기자들이 그걸 때리는 것"이라며 "공약을 내세운 게 아니라 그런 문제가 있다는 것"이라고 이재명의 발언 취지를 대신 설명했다. 실제로 백종원이 2018년 국정감사에서 자영업 진입 장벽에 대한 발언을 한 사실은 있었다. 그러나 당시 발언은 "자영업의 진입 장벽을 높게 해서 준비 과정을 거친 뒤에 들어와야 한다"는 것으로, 자영업 총량제를 주장한 것은 아니었다.[61]

11월 9일 김어준은 〈김어준의 뉴스공장〉에서 서울시장 오세훈이 TBS 예산 삭감을 결정한 것에 대해 강한 이의를 제기했다. 그는 "오세훈 시장이 내세운 삭감 이유는 TBS 재정 자립 언론 독립을 위해서라고 했는데, 그런 뜻이면 방통위(방송통신위원회)가 상업광고를 허용하도록 힘을 보태주시는 게 먼저일 텐데, 예산부터 먼저 삭감하면 어떻게 독립을 합니까"라고 반문했다. 그는 이어 "너희의 폐활량을 늘려주기 위해 산소 공급부터 중단하겠다는 논리 아닙니까"라며 "그래서 TBS 사장님의 모발이 날로 외로워지고 있다"고 비유했다.[62]

이에 윤석열 캠프 비전전략실장을 맡은 경남대학교 정치외교학과 교수 김근식은 "김어준 씨. TBS 예산 삭감은 국민의 세금으로 편향적인 방송을 하기 때문에, 세금 계속 받으려면 방송의 공정성과 중립성을 지키고, 계속해서 대깨문 방송하려면 스스로 재정 자립을 도모하라는 의미"라고 말했다. 그는 "방송의 공정성을 회복하면 되는 간단한 문제인데, 이 말은 하지 않고 산소 공급 중단 같은 헛소리만 하나"라며 "지금이라도 〈뉴스공장〉 폐지하고 방송의 공정성 회복하겠다고 선언하면 된다"고 주장했다. 이어 "세금으로 산소 공급 받아서 대깨문 폐활량만 키우는 것이니, 이젠 대깨문 산소 공급으로 충당하시라는 것"이라며 "공정 방송, 독립 방송 이루라는 취지이니 당연히 TBS는 향후 공정 방송, 독립 방송으로 거듭날 구조조정 계획과 액션 플랜을 밝히면 된다"고 말했다.[63]

김어준의 '대장동 의혹' 편파 발언

2021년 11월 22일 『조선일보』가 입수해 보도한 '방송통신심의위원회 재·보선 및 대선 관련 심의 의결 보고서(2021년 1~11월 중순 기준)'에 따르면, 〈김어준의 뉴스공장〉은 4·7 재보궐선거와 관련한 방송으로 9차례(권고 8차례, 의견 제시 1차례), 대선 관련 방송으로 8차례(권고 1차례, 의견 제시 7차례) 행정 지도 처분을 받았다.[64]

예컨대, 10월 8일 방송에서 김어준은 대장동 의혹에 대해 설명하면서 천화동인 5호 소유주인 회계사 정영학이 검찰에 제출한 녹취록에 언급된 성남시의회 의장 등에 대해 "이분도 그렇고 성남시 의원도 그렇고, 다 그 시절 한나라당 그리고 새누리당으로 이어지는 지금 국민의힘 소속 의원들이고"라고 했다. 또 "어쨌든 그런 돈을 줬거나 혹은 줘야 한다라고 언급된 대상이 지금 국민의힘 정치인이라는 거고요", "이재명 게이트라고 하는데 왜 다 국민의힘 정치인이 나오냐는 겁니다. 이재명 언제 나옵니까?"라고 했다.

이와 관련해 방심위는 '선거방송심의에 관한 특별규정 제8조(객관성) 제1항'에 어긋난다며 11월 5일 '권고' 조치를 의결했다. 방심위는 "녹취록에서 언급된 최윤길 전 성남시의회 의장은 2012년 7월 새누리당 소속으로 당선된 후 그해 8월 탈당해 무소속 상태로 시의회 의장을 수행했으며, 2014년 지방선거 이전 새정치민주연합에 입당하고, 2018년에는 바른미래당에 광역의원 공천을 신청했으나 탈락한 것으로 확인됐다"고 했다. 최윤길을 '국민의힘 인사'로 단정하는 것은 사실 관계를 왜곡하는 것일 수 있다는 해석을 내린 것이다.

방심위는 10월 18일 방송에 대해서도 행정 지도(의견 제시) 처분을 내렸다. 대장동 개발 비리의 책임을 국민의힘에 돌리는 듯한 취지의 설명을 문제 삼았다. 김어준은 '김어준 생각' 코너에서 대장동 의혹과 관련해 이재명이 성남시장일 때 대통령·도지사·시의회 등 주류는 국민의힘이었고, '이 정도는 알아야 할 아침 뉴스' 코너에서도 이재명이 대장동 개발 사업 관련 공문에 최소 10차례 서명했다는 보도가 있고 야당은 이게 문제인 것처럼 주장하지만 서명을 안 한 게 더 문제 아니냐고 했다. 이에 대해 방심위는 "이재명 후보 주장을 대변하고, 이 후보의 성남시장 시절 대장동 문서 서명 관련 보도에 대해서는 국민의힘이 근거 없이 정치 공세하는 것처럼 단정해 비판했다는 민원이 제기됐다"고 제작진에 알렸다.[65]

방심위는 또 〈김어준의 뉴스공장〉이 4·7 재보궐선거와 관련해 여론조사 결과를 공직선거법을 준수하지 않고 사실과 다른 내용을 말했다는 이유 등으로 '권고' 조치를 내렸다. 한 예로 김어준은 4월 1일 방송에서 재보궐선거 전망 등과 관련해 전 민주당 대표 이해찬을 인터뷰하면서 "선거는 이제 깜깜이 기간으로 이미 들어갔는데 격차가 여전하다는 조사들이 꽤 많지 않습니까"라고 말했고, 이에 이해찬은 "초반에는 좀 격차가 많이 벌어졌는데 최근에는 한 자릿수 이내로 좁아드는 그런 경향을 좀 보이고 있는 것 같아요"라고 했다.

하지만 김어준과 이해찬이 언급한 여론조사 결과는 공표 또는 보도된 여론조사 중에선 존재하지 않은 것으로 나타났다. 방심위는 심의에서 "선거법을 준수하지 않은 내용에 해당한다"고 판단했다. 공직선거법 제108조 제12항 제1호에 따라 공표 또는 보도가 불가능한 정당이 실시한 여론조사 결과를 언급했다는 것이다. 국민의힘 의원 권영세는 "국민의 세금으로 운영되고 있는 TBS에서 유명 방송인이 정치적 편향성을 가지고 특정 후보나 정당을 공개 지지하는 것은 부적절하다"면서 "방심위가 공정 보도를 위해 보다 세밀한 가이드라인과 처벌 규정을 세워야 한다"고 했다.[66]

비방용 개그로 써먹은 윤석열 심리 분석

"『노트르담의 꼽추』소설에 클로드 부주교가 있습니다. 에스메랄다를 보고 폭주하죠."(김태형 심리연구소장) "소장님! 삐이이이-! 으하하하."(김어준) 2021년 11월 5일 방송된 '김어준의 다스뵈이다' 중 '윤석열 심리 분석' 코너의 한 대목이었다. 김태형은 윤석열을 '가짜 모범생'이라고 규정하면서 "가짜 모범생은 어느 시점에서 방아쇠가 당겨지면 폭주한다. 처벌 공포가 약화하는 순간 유혹이 들어오면 바로 무너진다"고 말했다. 김어준이 10월 30일 심리 분석 1번 타자로 다룬 이재명의 키워드는 '공익형 인간'이었지만, 윤석열의 심리 분석은 '심리 분석'을 빙자한 "질 낮은 인신공격"의 성격이 강했다.[67]

김태형은 뒤이어 소설 『노트르담의 꼽추』속 악역을 윤석열과 동일 범주 인물로 소개했다. "(가짜 모범생인) 클로드 부주교는 에스메랄다를 만나기 전까지 독실한 성직자이자 뛰어난 학자로 엄청 모범적인 삶을 살았다. 하지만 에스메랄다라는 집시 여인을 보는 순간 그다음부터 폭주

한다. 그래서 가짜 모범생은 어느 순간 무너질 수 있다는 거다." 바로 이때 진행자 김어준이 끼어들어 입으로 "삐이이" 소리를 냈다. 우스꽝스런 행동으로 김태형이 '윤석열의 에스메랄다가 누구인지' 등을 공개 방송에서 추가 언급하는 걸 막는 양 하는 개그를 한 것이다. 윤석열 아내 김건희 실명이 나오진 않았지만, 현장에 모인 청중 10명이 화자의 의도를 미루어 짐작한 듯 박장대소했다.

김태형은 이어 윤석열의 '개 사과' 사건을 거론하며 "캠프에는 그런 짓을 할 바보가 없다", "본인이 씩씩거리니까 누군가 달래주기 위해서 그런 것(개 사과 사진)을 줬을 수가 있다"고 후보 아내를 암시하는 발언을 계속했다. '전두환 전 대통령이 장세동 같은 사람 잘 챙겨서 자기 세력 꾸린 것이 (윤 후보 같은) 권위주의적 행동의 예'라는 논리도 폈다.

한국외국어대학교 교수 이재묵은 "가세연(가로세로연구소) 등 보수 유튜브 역시 극단적이고 원색적이라는 점은 같지만, 김씨는 어느 것이 선거법에 걸리는지 잘 알고, 채널에 따라 수위를 분별한다는 의미에서 프로 비즈니스맨"

이라고 했다. 이를 보도한 『중앙일보』는 '김어준의 다스뵈이다'는 민주당 의원들 사이에서 "나가기만 하면 개인 유튜브 구독자가 만 명씩 는다"(지방 초선)는 말이 돌 정도의 '성지'로 꼽히고 있다고 했다.

정치를 돈벌이를 위한 엔터테인먼트 소재로 활용하면서 자신의 권력까지 챙긴다는 점에서 김어준은 뛰어난 '정치 무당'임이 틀림없었지만, 한 민주당 재선 의원의 다음 논평이 의미심장했다. "음모론을 주무기로 삼아온 김씨가 흥행 코드로 심리 분석을 추가한 것이다. 이 후보를 지원한다지만 가볍고 거칠고 편파적인 언행은 중도 확장이 시급한 이 후보에겐 오히려 걸림돌이 될 수 있다."[68]

11월 19일 유튜브에 업로드된 '심상정 심리 분석, 도이치모터스, 최순실 어게인' 편은 이 논평의 실현 가능성을 높여준 것처럼 보였다. 김태형이 정의당 후보 심상정에 대해 "인정욕, 명예욕이 강하다", "(심 후보가) 이재명 후보에 대해 지나치게 공격적이지 않으냐. 최근에 말꼬리 잡는 듯한 공격도 있다. 사적 욕망이 작용했기 때문에 그렇다고 본다"고 말한 건 인신공격에 가까웠기 때문이다.

정의당 공동상임선대위원장 강민진은 다음과 같은 비판을 내놓았다. "김어준 씨의 해당 방송은 언론으로서 공정성을 저버린 방송이었으며, 심상정 후보에 대한 무논리적 명예훼손을 일삼는 내용이었다. 민주당과의 단일화 압박을 위해 개인사를 끌어들이고 사이비 심리 분석을 동원해 인신공격까지 벌인 이번 사건을 정의당은 용납할 수 없다."

정의당 원내대표 배진교는 "김씨는 심 후보에 대한 온갖 모욕과 명예훼손으로 얼룩진 편파 방송을 진행했다"며 "지난 4주간의 방송을 들여다보면, 이재명 후보를 제외한 나머지 대선후보들은 전부 심리적인 문제가 있다는 식"이라고 했다. 그러면서 "'명비어천가'가 따로 없다"며 "민주당도 부끄러워해야 한다. 이런 인신공격의 외주화가 선거 전략이냐"고 했다. 그는 "김어준 씨가 편파적인 방송에 대해 분명히 사과하지 않는다면, 앞으로 김씨가 진행하는 방송에는 출연하지 않겠다"고 선언했다.[69]

왜 김의겸은 김어준을 닮기 위해 애쓰는가?

이상하게도 김어준 프로그램 출연자들은 김어준을 닮아가는 것처럼 보였다. 2021년 12월 15일 〈김어준의 뉴스공장〉에 출연한 열린민주당 의원 김의겸도 바로 그런 경우가 아닌가 싶다. 그가 김건희에 대해 터뜨린 폭로는 놀랄 만한 내용을 담고 있었지만, 이는 김의겸에게 '누워서 침 뱉기'가 되고 말았으니 말이다.

김건희가 『오마이뉴스』 기자와의 전화 통화에서 "청와대에 들어가면 가장 먼저 초대해 음식 대접을 하겠다"고 했다는 김의겸의 폭로는 많은 사람을 놀라게 만들었지만, 해당 기자가 "제가 먼저 한 이야기"라며 그 경위를 밝힘으로써 김의겸의 도덕성 또는 경솔함에 대해 더 놀라게 만들었다.

『오마이뉴스』 기자 구영식은 12월 17일 MBC 라디오 〈김종배의 시선집중〉에 나와 '청와대 초청한다, 이런 이야기는 왜 나온 거냐'는 진행자의 질문에 "분명하게 이야기 드릴 수 있는 것은 제가 먼저 계속 인터뷰하자고 요청하는 과정에서 '청와대 가시면 뭐 만날 수 없지 않으냐' 이렇게 물어봤다"고 답했다. 그는 "제가 (김씨와 전화 통화한 후) 김의겸 의원하고 통화했는데 그 전화 통화 내용을 전달하면서 에피소드로 공개한 내용"이라며 "그걸 〈뉴스공장〉에서 (김 의원이) 언급하셨다"고 상황을 설명했다. 진행자가 '구 기자가 먼저 그렇게 이야기한 것인가'라고 재차 묻자 구영식은 "예, 그렇게 물어보니까 '잘돼서 청와대에 가게 되면 구 기자님을 가장 먼저 초대해서 식사 대접을 하고 싶다' 이렇게 이야기했다"고 말했다.[70] 이건 김의겸의 폭로 내용과 결이 크게 다르지 않은가?

　김의겸은 김건희가 YTN 기자와의 통화에서 "아니, 그러면 왜 나만 이렇게 괴롭히느냐"고 하면서 "억울하다. 당신도 기자도 털면 안 나올 줄 아느냐"고 했다는 또 하나의 놀라운 이야기를 소개했지만, 이 또한 근거가 부실한 것이었다. YTN 기자 신준명은 YTN 인터뷰에서 진행자가 "김의겸 의원이 주장한 신 기자도 털면 나오는 게 없는 줄 아냐 이런 이야기는 없었나 보네요?"라고 묻자 "그 부분은 좀 사실과는 다른 것 같습니다"라고 답했다. 이와 관련 김의겸은 "사과할 뜻이 전혀 없다"며 "김건희 씨 핸드폰을 까자"고 맞섰다.[71] 김의겸은 2016년 국정 농단 보도 특종으로 '역사를 바꾼 이'라는 칭송까지 들었던 사람이 아닌가?[72] 그가 왜 이렇게까지 구차하다 못해 구질구질해졌는지 모를 일이었다.

김어준이 사실상 민주당을 장악하면서 그의 선전·선동 방식까지 민주당 일각에 뿌리를 내린 건 아니었을까? 김어준의 사전엔 사과가 없다는 건 이미 잘 알려진 사실인데, 김의겸의 사전 역시 김어준의 사전을 그대로 모방해 '사과' 항목을 찢어버린 게 아니었겠느냐는 것이다. 나이를 따질 일은 아니지만, 김어준보다 다섯 살 연상인 김의겸이 어쩌자고 김어준을 흉내내는지 참으로 안타까운 일이었다.

김어준이
민주당과 한국 정치에
끼친 해악

이재명 당선을 위한 김어준의 눈물겨운 몸부림

2022년 1월 14일 〈김어준의 뉴스공장〉은 김어준과 출연자인 『열린공감TV』기자 강진구가 윤석열 후보 캠프 무속 관련 의혹에 대해 대담하는 형식으로 이루어졌다. 이들은 윤석열 캠프 내 익명의 관계자 제보라며 윤석열 부부가 스님 또는 역술인 또는 유튜버로 불리는 '천공'의 방송을 지속 시청 중이며, 이른바 '서초동 캠프'에 무속인 5인이 드나들고 그중 1인은 상주 중이라는 등 윤석열이 무속에 관계된 것처럼 방송했다.

이 방송은 '사모랑 후보는 방송은 꾸준히 보고 있어, 이동할 때도 그렇고'라는 음성을 들려주었다. 강진구는 '차량을 타고 이동하는 중에도 천공 영상을 본다고 하는 걸 보고 충격을 받았던 거죠'라고 했고, 김어준은 '전체적으로 보자면 유사종교의 영향을 받는다는 것'이라고 언급했다. 강진구는 '서초 캠프에 무속인 5인이 자주 들락날락한다 하고, 확인한 바에 따르면 최소 1인은 상주하며 이름도 알고 있다'는 취지의 발언을 했다.

해당 익명 제보자 음성은 실제 음성 변조가 아니고, 녹취 내용 AI 프로그램을 대독한 것이었다. 〈김어준의 뉴스공장〉이 음성 변조를 AI 음성으로 처리한 사례는 이게 처음이었다. 나중에 제20대 대통령 선거 선거방송심의위원회에서 구본진(대한변호사협회 추천)·김일곤 위원(국민의힘 추천)이 "왜 이번에는 AI로 변환했냐"고 묻자 TBS PD 양승창은 "이번 음성은 직접 제보를 받은 사안이 아니다"고 답했다. TBS 본부장 송원섭도 "만약 제보자가 우리 쪽에 제보를 했으면 이런 방식으로 하지 않았을 것"이라고 덧붙였다. 이에 김일곤 위원은 "언론사 방송 PD나 제작진

이 직접 제보를 받지 않고 어떻게 함부로 여과 없이 일방적으로 내용을 내보낼 수 있냐"며 신뢰성의 문제를 지적했다.

이나연 위원(한국언론학회 추천)은 "결국 정확한 사실 확인이 되지 않았다는 말이냐"고 지적했다. 그러면서 "2019년부터 2020년까지 BBC와 국내 뉴스를 비교해보면, 1년 동안 BBC 뉴스에서는 음성 변조, 화면 변조가 2~3번밖에 없다. 사실성의 문제 때문이다. 그렇게 생각했을 때 우리나라는 음성 변조와 화면 변조가 너무 많아 문제라고 지적되어왔다. AI 변조는 여기서 또 하나 더 나간 문제"라고 지적했다.[1]

1월 18일 김어준은 〈김어준의 뉴스공장〉에서 "제가 최근 아주 중요한 제보 하나를 받았다"며 "이재명 후보가 직접 욕을 하는 딥 페이크 음성 파일을 모처에서 제작해 모처에 납품했으며 곧 배포할 예정이라는 구체적인 제보를 받았다"고 말했다. 그는 "(파일을) 만들기 시작한 건 대략 보름 전이고, 1차 납품한 건 지난 주말"이라며 "손볼 곳이 몇 군데 있어 수정 지시가 갔다"고 했다.[2]

그러자 진중권은 CBS라디오 〈한판승부〉에서 "지금

돌아다니는 그 녹취록이 AI일 수도 있으니 믿지 말라는 얘기를 하는 거다. 그건 스스로 이 녹취록이 나름대로는 굉장히 파급력이 크다고 판단하고 있는 것"이라며 "어이가 없다"고 말했다. 그는 "쉽게 말하면 김씨 스타일이 그렇다. 예컨대 미투가 터질 것 같다고 하면, '저쪽에서 공작을 하고 있다'고 한다. 그러면 실제 미투 사건이 터졌을 때 지지자들은 상대의 음모론으로 받아들이게 된다"며 "이런 식의 장난질을 많이 했는데 이번에는 너무 많이 나간 것 같다"고 했다.

진중권은 "이 후보가 지금 (지지율) 박스권을 못 벗어나는 이유가 크게 세 가지다. 하나는 정권 교체 구도가 그대로 살아 있다는 것이고, 두 번째는 대장동 의혹, 세 번째가 이 욕설 녹취록"이라며 "이거(녹취록) 사실은 죽은 거였다. 그런데 이걸 (국민의힘 윤석열 대선후보 배우자) 김건희씨 녹취록 때문에 다시 살려낸 것"이라고 했다. 그러면서 "'김건희 녹취록' 하니까 사람들이 딱 관심을 갖게 된다. 이미 지지율에 반영돼 있는데 다시 되살려낸 거고, 이게 계속 떠돌 것"이라며 "저도 계속 이런 짓 좀 하지 말라고 지

적했는데 부메랑을 맞은 것"이라고 했다.[3]

1월 23일 민주당 의원 김종민은 페이스북을 통해 '586 용퇴론'을 공개 언급하면서 "민주당이 먼저 결단해야 한다. '그냥 이대로 열심히만 하면 이긴다'는 안이한 판단"이라고 했다. 그는 "586 용퇴론이 나온다. 집권해도 임명직 맡지 말자는 결의다. 정치의 신진대사를 위해 의미는 있다. 그러나 임명직 안 하는 것만으로 되나. 이 정치를 바꾸지 못할 거 같으면 그만두고 후배들에게 물려주든지, 정치를 계속하려면 이 정치를 확 바꿔야 하는 것 아닌가"라고 했다.

이에 진중권은 페이스북에 '586 용퇴론' 관련 기사를 공유하고 "큰 무당 김어준과도 결별하기를"이라며 "아무쪼록 이번 대선이 낡은 586 상상계에 종지부를 찍는 계기가 되기를 (바란다)"이라고 했다. 그는 "586이란 생물학적 개념이 아니라 정치학적 개념"이라며 "민주당 586 중에는 간혹 괜찮은 의원들도 있는 반면, 그 아래 세대에는 586보다 더 586스러운 이들도 많다"고 했다.[4]

앞서 소개했듯이, 정치평론가 유창선은 2021년 7월

1일 자신의 페이스북에 올린 '쥴리'라는 제목의 글에서 "아마 내년 2월쯤 되면 쥴리를 본 적 있다고 주장하는 목격자가 김어준 방송에 출연할지도 모르겠다"고 썼다.[5] 2월이 아닌 1월에 출연했다는 것만 빼고 놀라운 선견지명先見之明이었다. 1월 25일 김어준은 〈김어준의 뉴스공장〉에 김건희의 '쥴리 의혹'을 제기한 전 대한초등학교태권도연맹회장 안해욱을 불러 "이른바 쥴리 의혹을 처음으로 실명 증언한 분이다. 새로운 증언 내용이 있다고 해서 만나보겠다"며 쥴리 타령을 한참 늘어놓았으니 말이다.[6] 이재명 당선을 위한 김어준의 눈물겨운 몸부림으로 이해하면 되겠다.

"김어준은 돈을 버는 사업가"

2022년 1월 29일 MBC 〈스트레이트〉, 친여 성향의 유튜브 채널 『열린공감TV』가 공개하지 않은 김건희의 '7시간 통화 녹취록' 일부분을 유튜브 채널 『백브리핑』을 운영하는 친문 유튜버 백광현이 공개했다. 이 미방영분 중 많은 사람의 주목을 받은 건 김어준에 대한 김건희의 평가였다.

김건희는 김어준에 대해 "영향력 있는 방송인이지 그래도. 이제 그 양반은 돈을 엄청나게 벌잖아. 알다시피 그 양반은 진영이라기보다는 자기의 사업가예요. 그 양반 따라가면 안 돼요"라고 말했다.[7]

하지만 진영과 사업이 분리될 수 있는 건 아니었다. 정치 비즈니스에선 진영이 있어야 사업을 할 수 있는 게 현실이었다. 이재명의 부인 김혜경이 경기도 공무원에게 사적 심부름을 지시했다며 이른바 '황제 의전 논란'이 일자 김어준이 진영과 사업 모두를 위해 즉각 참전했다. 2월 3~4일 김어준은 〈김어준의 뉴스공장〉에서 "황제 의전이라고 하는데 지금 나온 기사를 보니 김혜경 씨가 그 일을 시켰다는 게 없다"고 주장했다.

그는 "(기사를 보면) 5급 별정직 배 모씨가 7급 주무관에게 약 처방과 배달 등을 시켰다는 것"이라며 "김혜경 씨가 자신이 부릴 수 없는 공무원에게 사적 심부름을 시킨 줄 알았는데 그게 아니고 5급이 7급에게 시켰다는 거 아니냐"라고 했다. 이어 "물론 관리 책임은 물을 수 있다. (하지만) 현재까지 보도로는 5급이 7급에 대한 갑질 아니냐. 추

가 기사가 나오려면 김혜경 씨가 그 일을 시켰다는 게 나와야 한다"고 주장했다.[8]

또 김어준은 "개인 카드 취소 및 법인 카드 결제 시간이 딱 붙어 있는바, 앞뒤가 맞지 않는다", "지자체 법인 카드 사용 내역은 홈페이지에 공개되기 때문에, 사적 유용이 근본적으로 불가능하다"라는 등의 논리를 내세워 김혜경에 대한 의혹을 부인하는 취지의 발언을 했다.

이에 제20대 대통령 선거 선거방송심의위원회는 〈김어준의 뉴스공장〉에 의견 진술을 의결했다. '의견 진술'은 심의 위원들이 법정 제재가 필요하다고 의결한 사안에 대해 해당 방송사 소명을 듣는 절차다. 법정 제재는 방송사 재승인 심사 과정에서 감점 요인이 된다.

김일곤 위원(국민의힘 추천)은 "김어준 프로그램은 객관성, 공정성, 정치적 중립성을 상실하고 진행자의 극단적 편향성을 보이고 있다. 방송 프로그램 책임자, 방송 프로그램 관계자 징계와 해당 방송 프로그램의 중지를 요구한다"고 밝혔다. 정일윤 위원(한국방송협회 추천)은 "특정 후보의 부인을 일방적으로 비호하는 김어준이 설 자리가 있는 것은 레거시 미디어의 보도 행태 때문이다"라며 "한국 언론 전체가 성찰해야 한다"고 말했다.

구본진 위원(대한변호사협회 추천)은 "김어준 진행자의 모든 방송은 일관되게 특정 후보를 유리하게 하고 다른 특정 후보에 불리하다. 분명히 의도성이 있다. 공적인 방송을 진행하는 사람의 논평이라고 하면 합리성이 있어야 하지만, 말도 안 되는 이야기를 하며 논평이라고 할 수 있는 자유는 없다"고 주장했다.[9]

"이재명 귀한 줄 알아야 된다"

김어준은 2022년 2월 5일 올린 '김어준의 다스뵈이다' 영상에선 "내가 지켜본 이재명은 공화주의자다. 대한민국이라는 공화국이 특정한 집단이나 세력의 것이 아니라 퍼블릭, 공공의 것이라는 생각이 확고한 사람"이라며 이런 주장을 폈다. "이재명의 독특한 지점은 그 공공을 추구하는 데 있어서 실용적이라는 거다. 이론으로 배운 게 아니라 자기 몸으로 체득한 삶이 정책으로 만들어져서 대단히 구체적이고 실용적이다. 그게 이재명의 차이점이다. 실용적 공화주의자. 이 두 가지 용어가 안 붙는 용어다. 이재명 귀한 줄 알아야 된다."[10]

이재명 귀한 줄 알려면 어떻게 해야 하는가? 그건 '이재명 대통령 만들기'를 위해 수단과 방법을 가리지 않고 미쳐 돌아가는 것이었을까? 김어준은 2월 8일 〈김어준의 뉴스공장〉에서 1995년 사채업 일을 하다가 나이트클럽에서 '쥴리'를 2차례 보았다고 주장하는 50대 여성 A와의 인터뷰를 공개했다. A는 방송에서 "제가 기억력이 좋다"며 "술자리에서 검은 정장 바지를 입고 있는 쥴리를 봤고, 쥴리가 째려봐 기분이 나빴다"고 주장했다.

다음 날인 2월 9일 〈김어준의 뉴스공장〉은 10여 년 전 김건희와 여러 차례 상담했다고 주장하는 무속인 '화투신명'과의 사전 녹음 인터뷰를 공개했다. 화투신명은 김건희가 "남자친구가 검찰총장까지 갈 수 있겠느냐. 그걸 통해 인맥을 넓힐 수 있겠느냐"고 물어봐 "본인 스스로 개척하는 게 좋지 않겠냐"고 답했다고 주장했다.

화투신명은 "영부인은 우리가 우러러볼 수 있는 사람

이어야 되는데 김 대표는 대화를 해봤을 때 영부인이 되면 좀 그렇지 않을까"라며 "그때의 인품으로는 '설마' 이렇게 되는 것"이라고 말했다. 이어 "김 대표가 사주를 상당히 믿는 편"이라며 "김 대표가 남의 일을 너무 궁금해한다. 사업적으로 성공하고 싶어 하는 욕심이 너무 크다"고 주장했다.[11]

김어준의 이런 행태를 예견했던 유창선은 『미디어오늘』과의 통화에서 "농담으로 했던 이야기가 아니고 실제 그럴 가능성이 크다고 판단했다. 지난해 서울시장 보궐선거 당시 생태탕 증언자를 출연시켜서 이슈화하려 하지 않았는가"며 "이번에도 김어준 씨가 그냥 지나가지 않고 선거에 임박한 시점에 다시 줄리 문제를 증언 형식으로 이슈화를 시도할 것이라고 경험적으로 예상한 것"이라고 말했다.

이어 "대선을 한 달여 앞둔 2월이 가장 효과적이라고 판단한 것으로 본다. 이번엔 익명의 게스트를 무더기로 출연시키면서 예상보다도 더 전면적으로 나서고 있는 것으로 보인다"며 "서울시장 선거 때 한 번 그랬다가 오히려 역풍을 맞았는데도 더 크게 대응하고 있다. 지상파 라디오에서 정체불명 인물들로 정쟁을 부추기는 것은 납득이 안 가

는 부분"이라고 덧붙였다.[12]

음모론을 떠들지 않으면 입안에 가시가 돋나?

2022년 2월 15일, '채널A 사건'으로 2021년 7월 1심에
서 무죄를 선고받은 전 채널A 기자 이동재는 〈김어준의 뉴
스공장〉이 자신에 대한 허위사실을 방송하고도 이를 방치
하고 있다면서 TBS를 상대로 민·형사 소송을 낼 예정이
라고 밝혔다. 이동재 측은 이날 입장문을 내고 "TBS가 〈뉴
스공장〉 등 프로그램을 통해 2020년 4월부터 7월까지 수
차례 허위사실을 보도했다"며 "방송 등 게시물을 2주 내
삭제하고 정정 보도문을 게시하지 않을 경우 TBS 대표를
상대로 민·형사 소송을 제기하겠다는 내용 증명을 발송했
다"고 밝혔다.

　이동재 측은 해당 프로그램 진행자인 김어준에 대해
별도 소송을 제기할 예정이라고도 했다. 이동재 측에 따
르면, 김어준은 〈뉴스공장〉을 통해 '이동재 씨가 이철 전
VIK 대표에게 유시민 전 노무현재단 이사장에게 돈을 줬

다고 말할 것을 종용했다'는 취지의 주장을 수차례 반복했다. 2020년 4월 〈뉴스공장〉에서 김씨는 "공개된 (채널A 사건) 녹취록을 보면 그런 내용이 있다. '사실이 아니어도 좋다. 유 전 이사장에게 돈을 줬다고만 해라. 문재인 대통령의 지지율은 끝없이 추락할 것이다.' (이동재) 기자가 (이철 씨에게) 한 말이다"고 했다. 김씨는 같은 해 5월 15일에도 "채널A 사건 있잖아요. (이 전 기자가) '돈을 주지 않았어도 좋다. 줬다고만 하라'(고 종용했다)"고 주장했다.

하지만 실제 채널A 사건 관련 녹취록에는 그와 같은 이동재 발언이 등장하지 않은 것으로 나타났다. 민주당 의원 최강욱도 2020년 김어준 말과 동일한 내용을 자신의 페이스북에 올렸다가 이동재에 대한 명예훼손 혐의로 기소된 상태였다. 이동재 측은 "최 의원도 허위사실을 적시해 형사재판이 진행 중인데 TBS가 이를 바로잡는 노력을 기울이지 않고 오히려 조장했다"고 비판했다.[13]

(2022년 12월 23일 서울중앙지법 민사25부[재판장 송승우]는 이동재가 최강욱을 상대로 낸 손해배상 소송에서 "이 전 기자에게 손해배상 300만 원을 물어주고, 판결 확정일로부터 7일 이

내에 7일간 정정문을 게시하라"고 판결했다. 재판부는 "피고가 일부 허위사실을 적시해 원고의 명예를 훼손했다고 봄이 적정하다"면서 "이동재 기자가 녹취록과 편지에서 이 같은 내용의 발언을 하지 않았던 것으로 밝혀졌으므로, 이를 바로잡습니다"라는 정정문을 게시하라고 했다. 최 의원이 이를 이행하지 않을 경우 게시할 때까지 매일 100만 원씩 물어내라고 했다. 재판부는 소송 비용도 최 의원이 모두 부담하라고 판결했다.)[14]

김어준은 2월 18일 '김어준의 다스뵈이다'에선 김어준 특유의 음모론을 내놓았다. 그는 국민의힘과 신천지의 유착 의혹을 언급하면서 2021년 10월 민주당 대선 경선 3차 선거인단 투표(슈퍼위크) 때 "갑자기 10만 명 성분 분석이 안 되는 사람들이 등장했다"며 신천지가 개입했다고 주장했다. 물론 증거는 전무했다. 수시로 음모론을 떠들지 않으면 입안에 가시가 돋는 건지도 모를 일이었다.

이에 민주당 의원 윤영찬은 "자신이 이해하지 못하는 여론 흐름을 특정 종교의 '작업'이나 '음모론'으로 해석하는 것은 온당치 못하다"며 "저도 젊은 시절 기자였지만 영향력을 가진 방송인이라면 취재를 통한 근거를 갖고 말해야 한다. 김어준 씨와 다른 두 분의 '떠오른 생각' 외에 신천지 종교 단체가 우리 경선에 개입했다는 근거가 있냐. 음모론으로 여론을 판단하는 경솔함은 정치에 대한 혐오만 더하게 할 뿐"이라고 비판했다.

또 김어준의 '성분 분석 안 되는 사람들'이라는 표현에 대해서도 "옳지 못하다"며 "민심의 흐름은 그런 식으로 잴 수 있는 것이 아니다. 김씨와 출연자들의 발언은 각자의 양심을 갖고 행동하는 국민에 대한 모욕"이라고 지적했다. 윤영찬은 "3차 슈퍼위크 당시 여론 상황에 어떤 일이 있었는지를 제대로 들여다보게 되면 결국 지금의 선거 상황에도 결코 도움이 안 된다. 따라서 김씨가 우리 당의 당원이라면 어제 발언은 '해당 행위'이고 당원이 아니라면 우리 당의 선거운동을 방해하는 것"이라며 "지금 한 팀이 되어 대선 승리를 위해 같이 뛰고 있는 민주당 선대위 전체에 대한 심각한 모독을 참기 어렵다"고 했다.

이어 "만약 3차 슈퍼위크에서 이낙연 경선 후보를 지지했던 분들이 신천지라면 왜 이재명 대선후보가 총괄선대위원장을 맡아달라고 요청했겠냐. 민주당이 신천지 세력에 업혀서 대선을 이기려는 정당이라는 말이냐"며 "김어준 씨와 동석한 발언자들의 사과를 요구한다. 우리 당원과 주권자 국민을 사이비 종교 세력으로 모독한 것을 사과하라"고 촉구했다.[15]

다시 '쥴리 의혹' 우려먹기

대선이 약 보름 앞으로 다가온 2022년 2월 21일, 김어준은 〈김어준의 뉴스공장〉에서 전 대한초등학교태권도연맹 회장 안해욱과 전 라마다호텔 직원 A를 불러 '크로스 체크'라는 이름하에 김건희의 '쥴리 의혹' 우려먹기를 진행했다. 장하다 김어준!

안해욱은 "쥴리라 불리는 여성이 회장님을 어떻게 호칭했느냐"는 김어준의 질문에 "처음에는 회장이라 그러다가 세 번째 전시회 때는 나보고 오빠라고 그러더라"며 "그래서 내가 쥴리 보고 좀 뭐라 했다. '야 내가 나이가 얼마인데 오빠냐.' 옆에 있던 동료가 받아주라 그러더라. 그래서 당신이나 오빠 많이 하라고 그랬다"고 주장했다. 방송 내내 안해욱과 A는 '한식당·라운지 클럽·중식당 등에서 줄리를 봤다'는 취지의 주장을 이어나갔고, 김어준은 "두 분이 오니까 아주 짝짝 팩트 체크가 됩니다"고 말했다.[16]

대선이 임박하면서 김어준은 물론 김의겸과 고민정 등 이른바 '강성 친문 스피커들'은 연일 야권을 향한 공세를 거칠게 펼쳐 나갔다. 얼른 생각하기엔 민주당 선대위로선 흐뭇하게 여길 일이었지만, 이성을 가진 사람들은 전전긍긍하는 모습을 보였다. 『국민일보』의 분석에 따르면, "선거 막판 한 표가 아쉬운 상황에서 이들의 원색적이고 강한 메시지가 중도 부동층의 표심을 얻는 데 부정적인 영향을 미칠 수 있기 때문이다. 이들의 목소리에 호응하는 강성 지지층이 있다 보니 공개적으로 이들을 '비토'할 수도 없는 상황이다".[17]

민주당 총괄선대위원장 이낙연은 선대위 회의에서 "국민의 걱정과 주문에 우리의 말과 글과 행동이 걸맞은 것인지 모두가 냉정하게 되돌아보기를 거듭 요구한다"고 했지만,[18] 김어준에겐 그럴 뜻이 전혀 없었던 것으로 보인다. 2월 28일 방송된 '김어준의 다스뵈이다'에서 김어준은 유시민과 함께 윤석열의 '어퍼컷' 세리머니를 조롱했다.

"티셔츠가 말려 올라가면서 속에 있는 게 나오는 게 멋있다고 생각하는 거예요. 그러니까 계속하는 거잖아." 유시민은 "윤 후보 본인이 모니터링 해보면서 (스스로) 멋있다고 생각하는 것인데 우리는 그걸 존중해야 한다"며 "우리도 헬스장에서 열심히 운동한 뒤 '뱃살 빠졌나' 숨을 멈추고 보지 않나"라며 그렇게 말했다. 유시민은 TV토론 관전평도 곁들이며 윤석열을 때렸다. 그는 "이재명 더불어민주당 후보가 무슨 말을 할 때 윤 후보가 미리 준비해온 것을 챙기느라 그걸 못 듣는다"고 말했다. 이후 이어진 두 사람의 개그를 감상해보자.

유시민 "그분(윤 후보)은 대통령 후보로서의 업무가 너무 버겁다."

김어준 "(박장대소하며) 하하하. 이 후보는 대화하는데 윤 후보는 대본을 봐야 하니까."

유시민 "(윤 후보가) 너무 힘든 길을 가고 있는 거다. 우리가 표는 안 줘도 그것을 비웃으면 안 된다."

김어준 "하하하. 유시민 작가를 20년 정도 알아왔는데, 이번에 최고로 웃기다."

이에 대해 친여권 성향 온라인 커뮤니티에선 "유시민 씨만한 인물이 없다. 서울시장 후보감"이라고 환호했지만, 개중에는 "자칫 우리 쪽 선거운동을 해이하게 할 수 있다. 동영상을 내렸으면 한다"는 '신중론'도 있었다. 유시민은 나흘 전에도 MBC 방송에서 윤석열의 지능을 비하하는 주장을 했지만, 이는 사실이 아닌 것으로 드러났다.[19]

이와 관련해 이재명 캠프 인사는 "과도한 네거티브를 하거나, 상대 후보의 외모·지적 능력까지 지적한 것은 너무 나간 발언"이라며 "대선이 박빙 양상으로 치닫고 있는 상황에서 이런 발언이 캠프에서 나왔다면 격렬한 내부 비판을 받았을 것"이라고 말했다. 여론조사 업체 에스티아이의 대표 이준호는 "유 전 이사장이 핵심 지지층에게 '이긴다'는 확신을 가져다주면서 결집 분위기를 굳히고 있다"며 "다만 이런 발언의 파장이 커지면 이 후보가 중도·무당층 표심을 끌어내는 데 어려움을 줄 것"이라고 전망했다.[20] 다음 날인 3월 1일 김어준은 〈김어준의 뉴스공장〉에 전 라마다호텔 직원 A를 또 불러 김건희의 '쥴리 의혹'에 대한 주장을 이어나갔다.[21]

대선 3일 전 '김만배 녹취록' 사건

대선 3일 전인 2022년 3월 6일 인터넷매체『뉴스타파』는 「[김만배 음성 파일] "박영수-윤석열 통해 부산저축은행 사건 해결"」이란 기사를 음성 녹음 파일과 함께 보도했다. 화천대유 대주주 김만배가 2021년 9월 15일 지인인 전 전국언론노조 위원장 신학림과 나눈 대화라면서 관련 녹취 파일을 공개한 것인데, 해당 파일에는 김만배가 부산저축은행 사건과 관련해 "박영수 변호사와 윤석열 당시 대검 중수부 검사를 통해 사건을 해결했다"고 언급하는 대목이 담겨 논란이 일었다.

민주당은 『뉴스타파』의 '김만배 녹취록'이 팽팽한 선거 판세에 결정타를 가할 한 방이라며 일제히 환호성을 질렀다. 이재명은 "널리 퍼뜨려 달라"고 주문했고 민주당 대표 송영길도 SNS를 통해 "이재명 후보에게 뒤집어씌우는 무지막지한 특수부 검사 출신 정치인의 민낯을 보면서 이재명 후보가 얼마나 억울했는지 공감이 가실 것"이라며 "국민 여러분이 배심원이 되어 판단해달라"고 지지 호소에 이용했다.

민주당 슬로건과 현수막 디자인 작업을 돕고 있던 전 의원 손혜원도 "결정적인 녹취가 결정적인 순간에 나왔다"며 "이 정도면 선거 끝난 거 아닌가"라고 했다. 최고위원 최강욱은 2021년 10월 말 전 인천시장 안상수가 홍준표 지지를 선언하면서 "대선 직전 김만배가 '윤석열과 이렇다' 입을 열면 우리(국민의힘)는 폭망이다"고 한 말을 소개하면서 "뜻대로 이뤄지다"며 폭망이 눈앞에 다가왔다고 비꼬았다. 전 법무부 장관 조국도 "만시지탄이지만 대선 이후에도 반드시 밝혀 처벌해야 할 범죄적 커넥션이다"고 목소리를 높였다.[22]

반면 국민의힘은 "김만배 씨가 공범(이재명)을 보호하려고 거짓말을 한 것"이라며 이른바 '김만배-신학림 녹취록'을 6개월이 지난 시점, 선거 직전에 보도했는지 그 배경을 의심했다. 7일 새벽 국민의힘 선대본 정책총괄본부장 원희룡은 페이스북에서 "'박영수-윤석열이 부산저축은행 건을 봐줬다'는 것. '이재명은 대장동에서 원칙적으로 응해서 사업자들을 힘들게 했다'는 것이고, 그 외에 특별한 근거나 다른 구체적 주장은 없다"며 "수사망이 좁혀지고 구속 위기에 처하자 이재명을 방패막이로 삼으려 했던 김만배와, 언론노조 위원장 출신인 『뉴스타파』 전문위원과, 『뉴스타파』의 삼각 작업에 의한 합작품"이라고 비판했다.

이어 "이재명 후보가 페이스북 통해 공유하면서 널리 퍼뜨려 달라고 작전 선언했는데, 내일 아침부터 친여 라디오방송과 민주당 스피커들 어떻게 떠들어대는지 잘 감상하면서 가볍게 대응하겠다"고 했다. 그의 예상대로 김어준은 7일 〈김어준의 뉴스공장〉 오프닝에서 김만배 녹취록을 언급했다. 그는 "윤석열 국민의힘 후보는 김만배 씨를 '장례식장에서 스친 정도 인연이다'고 했었죠, 사실상 모른다는 이야기다. 정말로 모릅니까? 김어준의 질문이었습니다"라고 말한 뒤 심각한 표정으로 카메라를 바라보았다.[23]

진중권은 이날 CBS라디오 〈한판승부〉에서 『뉴스타파』의 '김만배 녹취록' 공개에 대해 "쉰 떡밥이었다"고 일축했다. 그는 "(녹취) 내용을 보면 두 가지인데, 자기변명이다. '이재명은 상관없다'는 식으로 얘기를 해주고, 오히려 윤석열을 딱 끼워둠으로써 자락을 깔아두는 것"이라고 했다. 또 "이걸 대화하신 분이 전 언론노조 위원장이다. 본인도 기사를 쓰시는 분"이라며 "정말로 신빙성이 있다면 그 당시(지난해 9월)에 이미 기사를 썼어야 한다. 선거 3일 앞두고 팩트 확인이 되기에는 짧은 시간 안에 터뜨린 것은 공작으로 본다"고 덧붙였다.

진중권은 그간 여권과 친여 언론의 유착 행태를 지적하며 "조국 사태, 채널A (강요 미수 의혹) 사건 때 MBC가 했던 역할들이 있고, (4·7 재보궐선거 당시) 생태탕 때 TBS가 했던 역할들이 있다"며 "민주당과의 아주 긴밀한 협업 관계 속에서 이루어진 일들"이라고 했다. 그러면서 "진짜 『뉴스타파』에서 보도할 가치가 있다고 한다면 당시에 자기들이 녹취록을 입수했을 때 바로 보도를 했어야 된다"며 "(대화 당사자가) 자기도 기사를 쓰는 분인데, 정말로 신빙성이(떨어진다)……"고 덧붙였다. 그러면서 "민주당에서 마지막으로 꼼수 부리는 것"으로 이를 볼 때 "아직 좀 밀리나 보다"고 비꼬았다.[24]

윤석열의 승리로 끝난 3·9 대선

사실 '김만배 녹취록' 공개는 민주당이 환호하기엔 문제가 있었다. 이 녹취록은 외부에서 제3자에게서 '제보'를 받은 것처럼 신학림을 소개했지만, 그는 『뉴스타파』의 돈을 받고 취재 용역을 수주하는 사람이었다. 2018~2019년에만 총 8,000만 원에 달하는 '용역비'를 받아왔으며, 녹취록 공개 시점에서도 받고 있는 것으로 밝혀졌다.

실제 신학림은 취재를 보조하며 『뉴스타파』를 위해 기사를 썼다. 2018년엔 대한항공 혼맥 기사 등 총 3건을 썼고, 2019년엔 4건을 쓰는 등 『뉴스타파』에서 신학림의 이름을 검색하면 총 7건이 나왔다. 그럼에도 김만배 녹음 보도 영상에선 제보자처럼 등장한 것이다. 『조선닷컴』 취재에, 『뉴스타파』도 신학림과의 관련성을 인정했다. 『뉴스타파』 대표 김용진은 "신씨는 『뉴스타파』 전문위원"이라며 "지금도 돈을 주고 있다. 용역비는 아니고, 프로젝트에 참여하면 돈을 준다"고 했다. '자사 전문위원을 왜 남인 것처럼 표기했느냐'는 질문에는 "나도 모른다"고 했다.

음성 녹음에 대한 짜깁기 의혹도 제기되었다. 『뉴스타파』가 보도한 음성 녹음 보도 10분 17초 지점을 들어보면, 김만배가 신학림과 이야기하며 자기 스스로를 "형"이라 말했다. 김만배는 음성 녹음에서 신학림에게 자신이 천화동인을 소유하게 된 배경을 말하며 "이렇게 해서 '형'이 많이 갖게 된 거지. 천화동인이 다 파는 거였었는데"라고 말했다. 하지만 신학림은 1958년생, 김만배는 1965년생이었다. 언론사 입사 시점도 신학림이 1984년, 김만배는 1994년이었다. 그런데 『뉴스타파』는 이 대목 자막에 음성 그대로 '형'이라고 쓰지 않고, '우리가'라고 바꿔놓았다. 이에 대해 신학림은 별다른 해명을 하지 않았고, 용역비조로 돈을 받아온 것에 대해선 "돈을 받아온 것과 이 보도의 연관성은 없다"고 말했다.[25]

원희룡은 2022년 3월 8일 한 유튜브 채널 영상을 공유하며 『뉴스타파』 김만배 녹취록 짜깁기 편집 5군데 잡아 냈다"며 "공개되는 제품인데 아무리 급해도 제대로 해야 하는 것 아니냐"고 했다. 그가 공유한 영상은 '시사포커스TV' 의 '김만배 녹취록 조작 파일 들통?…이상한 짜깁기 흔적 발견'이었다. 해당 영상은 『뉴스타파』 보도 영상에서 다섯 군데를 문제 삼았다. 『뉴스타파』 원본 영상의 23~26초 부분과 42~45초 부분이었다. 4분 25~30초, 6분 30~34초 부분도 짜깁기한 흔적이 있다는 의혹이 제기되었다.[26]

이날 신학림은 유튜브 방송 '오마이TV: 오연호가 묻다'에 출연해서 '김만배 음성 파일'의 의미와 공개 배경에 대해 밝혔다. 그는 국민의힘 관계자들이 음성 파일에 대해 조작설, 짜깁기설을 유튜브 등을 통해 제기한 것을 두고 "8일까지 사과와 함께 영상을 내리면 민·형사상 책임을 묻지 않겠지만 그 이후에는 법률적으로 대응하겠다"고 말했다.[27]

이날 김어준도 〈김어준의 뉴스공장〉에서 전날에 이어 '김만배 녹취록'을 다시 튼 뒤 이전의 주장을 이어갔다.[28] 지난 수개월간 김어준은 윤석열은 때리고 이재명은 옹호하는 일을 미친 듯이, 때론 목숨을 걸다시피 하면서 밀어붙였지만, 뜻을 이루진 못했다. 3·9 대선은 결국 0.7퍼센트포인트(48.56퍼센트와 47.83퍼센트)라는 간발의 차이로 윤석열의 승리로 끝났으니 말이다.

대선은 졌지만, '윤석열 증오'는 커졌다

그래도 어쩌겠는가? 힘을 내야지. 대선 닷새 후인 2022년 3월 14일 김어준은 〈김어준의 뉴스공장〉에서 민주당 원내대표 윤호중과 'n번방 추적단 불꽃' 활동가 출신인 박지현을 투톱으로 한 민주당 비대위 인선 안을 언급한 뒤 "원래 큰 선거 지면 당이 깨지는데, 더불어민주당은 일사불란하고 신속하다"고 평가했다. 이어 그는 "지금도 (민주당이) 어수선하다. '윤호중 비대위원장으로 지방선거가 되겠느냐', '이재명 대선후보가 나서야 한다'는 주장이 나오고 있다. 그런데 과거 대선을 패하면 당이 아수라장이 되는데 이건 데미지(충격)가 거의 없는 거다"라고 덧붙였다.[29]

　　3월 16일 전 국무총리 비서실장 정운현은 김어준이 "앞으로 20년 더 할 생각"이라고 말했다는 내용의 기사를 페이스북에 공유하면서 "그는 '앞으로 20년 더 할 생각'이라고 호언장담하고 있다"며 "마치 누군가의 발언을 연상시키는 듯한데 방자하기 이를 데 없다"고 했다. 정운현은 "〈뉴스공장〉 출범 초창기에는 나도 애청자였다"며 "지금은 듣지 않은 지 한참 됐다. 귀중한 아침 시간에 편파적이고 질 낮은 방송을 더는 들을 이유가 없어서"라고 했다.

그러면서 "입맛에 맞는 출연자를 골라 듣고 싶은 얘기만 듣고 싶다면 이젠 공영 매체인 교통방송의 〈뉴스공장〉이 아니라 본인이 사적으로 운영하는 유튜브에서 마음껏 즐기면 될 일"이라고 말했다. 그는 "사람은 있어야 할 때와 떠날 때는 잘 판단해야 구차하지 않은 법"이라며 "'20년 더' 운운하는 그런 허황된 망상은 버리고 이제 겸허한 자세로 보따리를 싸기 바란다"고 했다.[30] 그러나 일부 이재명 지지자들은 대선 결과를 인정할 수 없다는 듯 윤석열에 대한 저주의 악담을 퍼붓고 있었으니, 김어준은 굳이 겸허한 자세로 보따리를 쌀 필요는 없다고 생각했을지도 모르겠다.

이재명을 지지했던 여성 일부는 온라인에 "윤석열 집권 기간 동안 아이를 낳지 않겠다"느니 "윤석열 찍은 사람들은 이제 성폭행 당해도……" 운운하는 글을 올리기도 했다.[31] 어느 민주당 소속 지역 정치인은 자신의 블로그에 올린 '화딱지가 치밀어 미쳐버리겠다'라는 글에서 "천하인 종지말자의 지배를 받게 되다니! 피가 역류해 못 살겠다"고 썼다. 또 "인두겁을 쓴 악의 종자를 따르는 좀비들이 더 밉다"고 했다. 윤석열을 인간 말종이나 악의 종자에, 그 지지자를 좀비에 각각 비유한 것이다. 그는 "만나는 주민들에게 욕을 퍼부을 것 같아 사람 보기가 싫다"며 "5년을 어이 견딜지 속이 타들어간다"고 했다.[32]

김어준도 속이 타들어갔던 걸까? 그는 3월 21일 방송에서 윤석열의 오찬 행보에 대해 "후지다"며 비속어를 사용해 조롱했고, 집무실 이전 예정지인 용산 국방부 내 헬기장 소유권이 국군으로 이관되었음에도 미군 통제하에 있다며 사실과 다른 내용을 방송하는 등 어딘가 나사가 하나 빠진 듯한 모습을 보였다.[33]

시간이 지나면 그 아픔과 상처가 좀 치유될까? 그것도 아니었다. 윤석열에 대해 분노와 증오를 느끼는 사람들의 수는 김어준의 사업을 계속 번창하게 만들 수 있을 정도로 많았고 계속 늘어나는 것처럼 보였다. 이를 확인하겠다는 듯 김어준은 3월 25일 공개된 '김어준의 다스뵈이다'에서 대선 결과에 대해 "우리 사회 바닥을 본 거 같다. 10년 전에는 전의를 상실했고, 이번엔 위로가 필요하다"고 했다. 그러면서 대선 후 2030 여성을 중심으로 민주당 당원 가입이 늘고, 이재명을 지지하는 목소리가 커지는 것이 큰 위로가 된다고 주장했다.[34]

이재명 지지자들을 흥분시킨 김어준의 새 음모론

그런 위로를 확산시키려면 어떻게 해야 하는가? 그건 바로 김어준을 중심으로 뭉치는 것이었다. 김어준이 운영하는 개인 유튜브 채널 '딴지방송국'이 2022년 3월 27일 드디어 구독자 100만 명을 돌파했다. 2017년 11월 이 채널에 김어준이 진행하는 '김어준의 다스뵈이다'가 업로드되기 시작한 지 4년 4개월 만에 이룬 '경사'였다. 지난 1년 동안 이 채널에서 발생한 수익은 최대 43만 달러(약 5억 2,600만 원) 수준인 것으로 추정되었다. 김어준이 대표로 있는 '딴지그

룹'은 이 채널 외에도 인터넷신문 『딴지일보』와 온라인 쇼핑몰 '딴지마켓', 오프라인 카페 '벙커1' 등을 가지고 있었으니, 놀라운 '인간 승리'라 해도 좋을 일이었다.[35]

그러나 그 정도로 만족할 김어준은 아니었다. 그는 4월 1일 『딴지일보』 홈페이지에 '여론조사 기관 설립합니다. 회원 모집 중'이란 제목의 글을 올렸다. 그는 '여론조사 꽃, 설립자 김어준'이란 이름으로 올린 이 글에 "여론조사 기관을 설립한다. 일체의 외부 의존 없이 완전한 독립 조사로, 전문가 심층 분석, 정기적 생산 발제 배포하는 최초의 멤버십 조사 기관"이라고 밝혔다. 회비는 1년에 10만 원, 3년에 27만 원, 원하는 경우 50만 원 이상의 회비를 자발적으로 낼 수도 있다고 했다.[36]

이에 전 새누리당 의원 전여옥은 "역시 좌파들은 앉으나 서나 '돈돈돈'"이라며 강하게 비판했다. 그는 "이젠 여론조사라는 대놓고 '숫자 조작' 투전판 벌이겠다는 새로운 '한탕주의 행각'이다"라며 "대선 때 여론조사로 '가스라이팅'을 당했다는 게 설립 취지? 본질은 '김어준 호구지책'이다. 그 진실은? 이 나라 모든 국민을 좌파로 만들려고

5년 내내 가스 라이팅을 한 게 문재인 정권이라는 것"이라
고 주장했다.[37]

김어준은 자신의 장기인 음모론을 포기할 뜻도 없음
을 분명히 했다. 이번에 그 대상은 법무부 장관 후보자 한
동훈이었다. 2개월 전 한 언론사는 한동훈이 전세로 거주
중인 타워팰리스의 최초 소유주가 삼성전자와 삼성SDI라
고 했는데, 김어준은 여기서 또 무슨 냄새를 맡은 것처럼
보였다.

4월 15일 김어준은 〈김어준의 뉴스공장〉에서 "(한 후
보자는) 다주택자다. 주택이 두 개고 건물이 하나고. 특이하
게도 본인이 살고 있는 것은 타워팰리스 전세"라며 "소유
권자 찾아봐야 한다. 지금 소유권자 말고 최초 소유권자를
찾아봐야 한다"고 했다. 그는 "고위직 검사들을 삼성이나
재벌들이 그런 식으로 관리하는 경우가 있었다"며 "그랬
다는 얘기가 아니라 (최초 소유권자를) 찾아봐야 한다. 좀 약
간 이상한 거주 형태 아니냐"고 했다. 삼성전자·삼성SDI
와 한 후보자 사이에 '모종의 거래'가 있었던 것처럼 해석
될 수 있는 발언이었다.

이후 트위터와 일부 온라인 커뮤니티 등을 중심으로 관련 논란이 확산되었다. 이재명의 팬 카페인 '재명이네 마을'에는 "〈뉴스공장〉에서 공장장(김씨)이 한동훈 타워팰리스 전세 최초 소유자를 확인해보시라고 몇 번이나 강조했다"는 글이 올라왔다. 트위터 '김어준저장소'에도 "한동훈 전세집……최초 소유자가 삼성전자와 삼성SDI"라는 글과 함께 해당 아파트의 등기부등본이 올라왔다. 일부 네티즌들은 이를 근거로 "(한 후보자가) 삼성 '스폰'을 받고 있다는 증거", "죄의식 자체가 없다" 등의 글을 남겼다.[38]

친명 사이트는 흥분했다. "역시 삼성은 만악의 근원", "정말 더럽네요. 누가 누구에게 정의를 말합니까?" "당장 압수수색 들어가야죠." 그러나 이 의혹 제기는 해프닝으로 끝났다. 소유권 보존 등기는 사업 시행사가 진행하는 경우가 많은데, 타워팰리스는 삼성전자와 삼성SDI가 시행사였기 때문이다. 게다가 삼성의 등기 이후 그 아파트의 소유주는 세 번이나 바뀐 데다, 한동훈은 자가가 아닌 전세였으니, 이걸 가지고 '삼성이 한동훈을 관리했다'고 주장하는 건 좀 모자라도 한참 모자라는 짓이었다. 이에 대해 단국대학교 기생충학과 교수 서민은 다음과 같이 말했다.

"이 사건은 다음과 같은 사실을 말해준다. 하나는 '한동훈에 대해 어지간히 깔 게 없구나'이고, 둘째는 천하의 김어준도 한동훈을 두려워한다는 점이다. 원래 김어준은 없는 증거도 만들어 공격하는 게 특기, 평소의 그라면 최소한 '호스트바에서 한동훈을 봤다'는 증인 정도는 구했을 것이다. 그런데 한동훈은 자신에 대해 허위사실을 유포하는 것은 가만 놔두지 않는다. 유시민을 보라. 한동훈이 자기 계좌를 뒤졌다는 거짓말을 했다가 5억 원짜리 민사소송에 걸려 있지 않은가? 김어준마저 이러는 걸 보면, 민주당이 벼르고 있다는 한동훈 청문회가 어쩌면 싱겁게 끝날지도 모른다는 생각이 든다."[39]

김어준의 억지 '짤짤이 옹호론'

2022년 4월 26일 김어준은 〈김어준의 뉴스공장〉에서 "예언 하나 하겠다. 당선자 쪽에서 청와대에 수많은 사람들이 몰려와 구경하지 않냐, 개방 잘했다, 이걸 입증해야 한다.

두고 보라, 버스 동원한다"며 "지금 이미 예약 받고 있을지 모른다. 전국 지방에서 그날에 맞춰 버스 동원해서 사람들 막 실어 나를 거다. 이렇게 많은 사람들이 왔다고. 이 메커니즘이 그렇게 돌아간다. 저하고 내기 해보자. 버스 동원하는지 안 하는지"라고 말했다. 그의 고질병인 '음모론병'이 또 도진 것이다. 이에 2022년 지방선거 선거방송심의위원회는 행정 지도 '권고'를 결정했다.[40]

4월 28일 법사위 비공개 온라인 회의에서 민주당 의원 최강욱은 김남국이 카메라를 켜지 않고 있자 "××이 하느라 그러는 거 아니냐"라고 물었다. 이게 알려져 논란이 된 건 5월 2일이었다. 모멸감을 느꼈다는 여성 참가자들의 문제 제기에도 최강욱 측은 동전 홀짝을 맞추는 '짤짤이 놀이'를 잘못 알아들은 것이라고 해명했고, 친여 인사들은 이런 주장이 사실인 양 옹호하고 나섰다.

이런 옹호에 가장 적극성을 보인 사람은 김어준이었다. 그는 5월 3일 〈김어준의 뉴스공장〉에서 "화면에 안 보이니까 '(구슬을) 감췄냐', '몸을 숨겼냐' 이 뜻이거든요. 남자들끼리 하는 아주 가벼운 농담인데……"라면서 "여성분들의 오해에서 비롯된 것"이라고 주장했다. 최강욱이 '짤짤이'라고 말한 것을 여성 보좌진들이 '성적 행위'를 뜻하는 단어로 오해했다는 것이다. 그는 "남자들끼리 하는 농담이다. 잘못 들은 거 같다. 해프닝이다. 가벼운 농담이다. 남자들은 단박에 알아듣는다. 이 단어를 모르거나 잘못들은 거 같다"며 "일종의 해프닝이다. 최초 기사를 보니 엉터리다"라며 최강욱이 성적 행위 표현을 쓰지 않았다고 거듭 강조했다.[41]

김어준은 다음 날 방송에선 법무부 장관 후보자 한동훈 딸에 대한 어머니 인맥 동원 스펙 쌓기 의혹 관련 소식을 다루면서, "조국 전 장관 케이스를 보자면, 아버지 아는 변호사인 최강욱 변호사에게 가서 인턴을 했는데 시간이 부족했다고 최강욱 의원이 실형을 받았다"며 "그 관점에서 이 사안을 뒤지면 압수수색 들어가야 된다"고 했다. 그러나 이는 최강욱의 범죄 혐의를 축소·왜곡한 것이어서 나중에 방송통신심의위원회는 〈김어준의 뉴스공장〉에 행정 지도 '권고'를 의결한다.[42]

김어준의 억지 '짤짤이 옹호론'은 사실상 최강욱이

부인했다. 최강욱은 5월 4일 밤 10시 민주당 홈페이지에 게시된 사과문에서 "의도한 바는 아니었을지라도, 저의 발언으로 정신적인 고통을 입으신 우리 당 보좌진님들께 사과드린다"고 했다. 그는 "검찰 개혁 입법과 지방선거 승리에 전력을 쏟고 있는 당 지도부에도 분란을 일으켜 죄송하다는 말씀드린다"라며 "아울러 모욕감과 불쾌감을 느꼈을 국민 여러분께도 사과드린다"고 했다. 최강욱은 "앞으로 공사의 자리를 불문하고 정치인으로서 모든 발언과 행동에 더욱 신중을 기하겠다는 점을 약속드린다"고 했다. 그는 자신의 페이스북에도 "의도한 바는 아니지만, 오해를 불러일으킨 점에 대해 진심으로 사과드린다"고 썼다.[43]

"김어준은 윤석열 정권에 저항하는 잔 다르크"

2022년 5월 10일 윤석열 정권이 출범했다. 6·1 지방선거를 앞두고 다시 전의를 불태웠던 건지는 모르겠지만, 김어준은 5월 13일 〈김어준의 뉴스공장〉에서 박근혜를 돌본 변호사 유영하의 대구 수성을 재보궐선거 국민의힘 공천 탈락에 대해, "군이 대구까지 달려가 손까지 잡아주더니, 박근혜 취임식 참석까지 미뤄뒀던 대구 수성을 공천 결과 유 후보 탈락. 유 후보 대신 띄운다"며, 가수 배호의 노래 〈배신자〉를 들려주었다.

이어 "박근혜 간접 정치 재개 상징인 유 변호사 출마가 비정한 방식으로 좌절됐다고 본다. 이번 정부의 특성을 적나라하게 드러낸 숨어 있는 1인치 뉴스다. 윤 대통령 당선자 시절 홍준표 저격을 위해 군이 공천 심사 직전 대구를 방문해 유 변호사 손을 잡아줬고, 유승민 저격을 위해 인수위 대변인 김은혜 의원을 차출했는데, 홍준표는 실패 유승민은 성공이라 본다"며 "같은 진영도 이 정도면 문재인 전 대통령에게는 어떻게 할 건가? 직접적 위험 요소라고 판단한 이재명 고문 같은 경우 이미 대놓고 온갖 방법으로 제거하려 하고 있다"고 말했다.

이 발언은 "윤석열 대통령이 국민의힘 공천 과정에 개입한 것으로 단정하는 등 김어준 씨가 진행자로서의 공정성을 상실한 채 근거없는 음모론을 제기했다"는 지적을 받았다. 2022년 지방선거 선거방송심의위원회는 5월 27일

〈김어준의 뉴스공장〉에 행정 지도에 해당하는 의견 제시를 의결했다.[44]

이는 하나의 사례일 뿐, 김어준은 윤석열 정권 출범에서 6·1 지방선거까지의 20일간 나름 최선을 다해 윤석열·김건희 비판을 했지만, 국민의힘이 6·1 지방선거에서 압승을 거두는 걸 막을 수는 없었다. 김어준과 TBS에 중요한 건 서울시의회 선거 결과였는데, 이 또한 마찬가지였다. 국민의힘이 모두 76석을 차지해 과반을 확보한 반면 민주당은 36석에 그쳤다. 2010년 지방선거 이후 서울시의회에서 민주당이 과반 의석을 내준 것은 12년 만이었다. 이에 따라 국민의힘이 과반 의석을 가진 서울시의회가 TBS 문제를 어떻게 풀어갈지 귀추가 주목되었다. 오세훈이 1년 전, 2021년 4·7 재보궐선거에서 당선된 이후 거액의 TBS 예산 삭감을 시도했으나 민주당이 지배하던 시의회의 반발로 관철하지 못했기 때문이다.[45]

변호사이자 방송인인 노영희는 6월 6일 페이스북에 올린 글에서 오세훈과 김어준의 대결 구도에서 김어준의 우위를 점쳤다. 그는 "일단 김어준 씨 입장에서야 TBS에서 〈뉴스공장〉을 계속하는 걸 더 선호하겠지만, 퇴출되었다고 해서 이름 없는 유튜버로 전락하는 것이 아니다"라며 "오히려 그는 '투사'의 이미지를 가지게 되고 '현 정권에 저항하는 잔 다르크'처럼 여겨질 거다. 그를 향한 추종이 더 거세질 수밖에 없는 구조"라고 예측했다.[46]

국민의힘은 6·1 지방선거에서 압승을 거두는 등 한동안은 그럴듯했다. 하지만, 문재인 정권에 대한 응징을 원했던 '부정적 당파성negative partisanship'의 약발이 떨어지고, 인사 문제에 무리한 대통령실 이전 문제가 겹치면서 윤석열의 지지율은 내리막길을 걷기 시작했다. 물론 이는 〈김어준의 뉴스공장〉엔 풍부한 먹잇감을 제공했고, 늘 그래왔듯이, 윤석열은 공격하고 이재명은 보호하는 게 김어준의 사명이 되었다. 수많은 열혈 지지자가 있었기에 그 일은 고독하거나 손해 보는 일은 아니었다.

김어준의 윤석열 공격의 주요 메뉴 중 하나는 김건희 공격이었다. 김건희에게 집요한 '쥴리 의혹' 공세를 펴온 김어준은 김건희를 대통령 부인이 아닌 '쥴리'로 대하는 것처럼 보였다. 그렇게 하는 게 '김건희 혐오'를 갖고 있는 지지자들의 비위에 영합하는 길이기도 했으리라. 예컨대, 김건희가 용산 대통령실 청사의 대통령 집무실을 연이틀 방문한 것과 관련, 김어준은 〈김어준의 뉴스공장〉에서 "(김 여사가) '대통령 부인 놀이'를 하고 있다"며 "이러다 사고 난다"고 했다.[47] 또 그는 노무현 부인과 문재인 부인에 대해선 '권양숙 여사', '김정숙 여사'라고 부르면서도 김건희에 대해선 악착같이 '김건희 씨'라고 부르면서 '씨'도 높임말이라고 주장했다.[48] 장하다, 김어준!

김어준이 서해 공무원 가족에게 준 정신적 고통

2022년 6월 16일 해양경찰청(해경)이 지난 2020년 9월 북한에 피격되어 숨진 해양수산부 소속 공무원의 월북 의도를 인정할 만한 증거를 발견하지 못해 월북했다고 단정할 근거가 없다는 수사 결과를 발표했다. 그러자 김어준은 다음 날 아침 〈김어준의 뉴스공장〉에서 "월북 의도가 없었다는 증거는 새로 제시됐습니까? 아니에요"라며 비판하고 나섰다.

이에 국민의힘 미디어특위는 김어준을 겨냥해 "시신에 기름을 뿌리고 불태운 북한 행위가 코로나19 때문이며 따라서 화형이 아니라 화장이라는 어처구니없는 주장을 펼쳤다"며 "어제 해경 발표에 김어준은 단 한마디 사과도 하지 않았다. 더 황당한 것은 이번 발표가 근거가 없다며 억지 주장을 되풀이했다는 점"이라고 지적했다. 이어 "월북하려 했다는 증거를 내놓아야 하는데, 그렇지 않고 없는 근거를 내놓으라니 궤변 중 궤변일 뿐"이라고 비난했다. 또 "MBC도 마찬가지"라며 "2020년 문재인 정부 당시 해경의 발표는 받아쓰기 식으로 보도해놓고, 이번 해경 발표에는 갖가지 트집을 잡고 나섰다. 엉뚱하게도 문재인 정부 찬양을 덧붙이기도 했다"고 지적했다.[49]

김어준은 6월 21일엔 "문재인 전 대통령을 포토라인에 세우기 위한 작업이라는 의심이 든다"고 주장했다.[50] 이에 피살 공무원의 아내 권영미는 "(김어준 씨는) 북한이 남편의 시신을 친절하게 화장시켜준 것처럼 얘기한 사람이다. 2년 전에도 허위사실 유포로 고소하려다가 참았던 기억이 있다. 여태까지 유족들에게 취재 요청한 적이 단 한

번도 없다. 그러니 그 입 다물라 말할 수밖에 없다"라고 비
판했다.[51]

유족은 7월 1일 김어준 발언으로 심각한 정신적 고통
을 겪고 있다면서 방송통신심의위원회에 〈김어준의 뉴스
공장〉 방송 심의를 신청했다. 유족 측은 방송 심의 신청을
하게 된 이유에 대해 "김어준의 고인에 대한 명예훼손과
폄훼하는 발언으로 인해 유족들은 비참함과 극단 선택 충
동을 느꼈다. 현재 심각한 정신적 고통을 겪고 있다"며 "김
어준의 발언은 더 이상 용서할 수 없다고 생각되므로, 중징
계를 요청하고자 방송 심의 신청을 하게 되었다"고 했다.

유족 측이 문제 삼은 김어준 발언은 2020년 9월 "평
상시라면 아마도 의거 월북자로 대우받았을 사람", "(북한
이 이대준 씨 시신을 태운 것은) 화장해버린 것" 등과 2022년
6월 "이렇게 대충 두리뭉실하게 해놓고 언론에서는 '월북
이 아닌데 월북이라고 했다'고 몰아가고 있죠", "이제 몰아
가겠죠, 친북 정권이었다고. 그러면서 문재인 (전) 대통령
도 고발했잖아요", "이렇게까지 크게 키울 일이 아닌데 크
게 키우고 있지 않잖습니까? 연속해서. 저는 이게 문재인

전 대통령 포토라인 프로젝트라고 의심하는 바입니다" 등
이었다.[52]

"팬덤 정치를 굳건히 하려는 김어준의 화법"

2022년 7월 4일 국민의힘 서울시의원 전원이 '서울시미
디어재단 TBS 설립 및 운영에 관한 조례 폐지' 조례안을
시의회에 발의했다. 국민의힘 측은 "TBS를 서울시 출자·
출연 기관에서 제외해 TBS가 민간 주도의 언론으로서 독
립 경영을 할 수 있도록 한다"는 취지라고 밝혔지만 조례
안이 통과되면 서울시가 매년 TBS에 지원해온 출연금은
사실상 중단될 가능성이 높아서 TBS 측은 언론 탄압이라
며 반발했다.[53] 반발만 할 게 아니라 그간의 정파적 방송을
중단하고 새로운 공영방송의 길을 스스로 제안하고 실천
하면 좋았으련만 TBS나 김어준 모두 그럴 뜻은 없는 것으
로 보였다.

8월 하순 이재명의 부인 김혜경의 법인 카드 유용 의
혹과 관련해 '7만 8,000원 사건'이라는 희대의 말장난이 선

을 보였다. 유창선은 "김혜경 씨가 경찰에 출두하면서 '7만 8천 원 사건'이라는 조어를 사용했고, 이재명 의원이 자신의 SNS에 올린다. 지지자들은 당장 '고작 7만 8,000원 갖고 수사를 하느냐'고 정치 보복이라 주장한다"며 "정직하지 못한 사술詐術"이라고 비판했다. 그는 " '7만 8,000원'의 3인 식대를 결제한 건은 선거법 위반 혐의이기 때문에 액수에 상관없이 엄정하게 수사해야 하는 사안"이라며 "(이밖에도) 김씨와 관련된 법인 카드 유용 의혹들은 소고기 구매 의혹, 30인분 샌드위치 구입 의혹, 카드 바꿔치기 결제 의혹, 법인 카드 쪼개기 의혹, '한우 카드깡' 의혹, 사적 음식값 결제에 경기도청 5개 부서 예산을 동원했다는 의혹, 이재명 후보 자택 앞 복집 318만 원 결제 의혹 등 부지기수"라고 지적했다. 그는 "많은 의혹들의 진실은 조사를 통해서 가려져야 할 일"이라면서도 " '7만 8,000원 사건'이라는 네이밍이 좀 기가 막혀서 한마디 남긴다"고 했다.

그런데 이 기가 막힌 말장난을 격한 선전·선동의 재료로 써먹은 이가 있었으니, 바로 김어준이다. 그는 8월 24일 〈김어준의 뉴스공장〉에서 언론이 '7만 8,000원'을 의도적으로 누락했다고 비난했다. 무슨 말을 하고 싶었던 걸까? 그는 "(윤 대통령 부인) 김건희 씨는 수십억대 주가 조작인데 서면 조사한다, 부인 김혜경 씨는 7만 8,000원인데 소환 조사하는 거다. 그게 차이"라고 비유했다. 그러면서 그는 "7만 8,000원을 빼먹고 보도하고 있다"며 "이게 김혜경 법인 카드 유용의 실체다. 그 액수를 빼먹고 보도하고 있는 것"이라고 비난했다.[54]

김어준은 늘 매사가 이런 식이었지만, 이게 오히려 그가 큰 인기를 누리는 비결이었다. 적敵에 대한 증오와 혐오를 먹고사는 '팬덤 정치'의 비극이었다. 전국언론노조 정책협력실장 김동원은 『미디어오늘』(8월 29일)에 기고한 「TBS가 빠진 유혹, '김어준의 뉴스공장'」이라는 글에서 "팬덤 정치를 군건히 하려는 김어준 씨의 화법은 모든 이슈를 제도권 정치의 대립과 갈등이라는 블랙홀로 빨아들였다"며 다음과 같이 말했다.

"저널리즘에서 분석, 추론, 의견은 빠질 수 없는 요소다. 그러나 이 또한 아무리 적더라도 입증된 사실에서 시작해야 한다. 지난 8년을 끌어온 세월호 참사 원인 규명에서 김어준 씨가 영화까지 개봉하며 내세운 '고의 침몰설'의 여파는 아직도 상흔으로 남아 있다. 청취율 1위 프로그램의 진행자가 근거 없는 추론과 해석으로 만들어낸 허위와 음모의 정치 담론은 어떤 기준으로 평가하더라도 저널리즘이라 부를 수 없다."

이어 김동원은 "〈뉴스공장〉 등 시사 콘텐츠는 재원의 독립성이 보장되지 못한 TBS의 거의 유일한 수익원이었고 인지도 확보의 가장 빠른 전략이었다. 이런 전략은 역설적으로 서울시 예산 폐지라는 단 몇 줄의 통보만으로도 흔들리기 쉬운 약점이 되었다"며 다음과 같이 말했다.

"TBS 위기의 중심에는 〈뉴스공장〉 등 탈지역화된 정치 콘텐츠가 자리하고 있다. 위기의 해법은 어렵지만 분명하다. 팬덤 정치에 종속된 시민에서 벗어나 삶의 정치에 참여할 시민의 구성이 그것이다. 서울시의회의 왜곡된 대표성을 보완하고 중앙 정치와 지역 정치의 연관성을 냉철하게 설명하는 책임이 곧 TBS 저널리즘의 책무가 될 것이다."[55]

"김어준의 망상"을 비판한 개딸들

2022년 9월 1일 오전 이재명은 백현동·대장동 개발 특혜 의혹과 관련한 허위사실 공표 혐의로 서울중앙지검에서 "9월 6일 오전 10시까지 출석하라"는 소환 통보를 받았다. 8월 28일 민주당 대표로 선출된 지 불과 나흘 만이었다. 민주당은 "정치 보복"이라며 반발했고, 국민의힘은 "수사를 제대로 받으라"며 맞받아쳤다.[56]

지상파방송 3사는 여러 수사팀에서 이재명 대표를 겨누고 있다거나 추가로 여러 의혹 수사가 이어질 것이라는 분석과 함께, 방탄을 벗고 수사에 임하라는 국민의힘 주장도 함께 방송했다. 이와는 달리 TBS의 김어준은 '사법 리스크'라는 표현 대신 '정적 제거용'이라는 말을 써야 하며, 김건희 여사 부실 수사와 같은 뉴스 대신 이재명 소환 이슈를 추석 밥상에 올리기 위함이라는 것까지 봐야 본질이 보인다고 강조했다. 〈김어준의 뉴스공장〉은 그러나 그와 반대되는 목소리나 이재명이 구체적으로 무슨 수사를 받고 있는지는 소개하지 않았다.[57]

9월 20일 김어준은 〈김어준의 뉴스공장〉에서 윤석열과 함께 엘리자베스 2세 영국 여왕 장례식에 참석한 김건희에 대해 "모자를 쓰셨더라구요. 망사포가 달린 걸 썼던데, 영국 로열 장례식에 전통이 있어요. 로열패밀리의 여성들만 망사를 쓰는 겁니다"라며 "그래서 장례식에 참석한 다른 나라 여성들을 보면 검은 모자를 써도 베일을 안 해요. 로열패밀리 장례식에서는. 적어도 영국에서는 그래요. 모르시는 것 같아서 알려드렸습니다"고 말했다. 노무현재단 이사 황희두도 같은 날 페이스북에 "김건희 씨의 망사 모자는 왕실 로열패밀리들만 착용하는 아이템이라는데……재클린 따라 하려고 무리수를 참 많이 두는 거 같네요"라고 했다.

논란이 확산하자, 대통령실은 "영국 왕실은 장례식에 참석하는 영부인의 드레스 코드로 검은 모자를 착용해줄 것을 당부하는 내용을 담은 공문을 보냈다. 이에 김 여사가 검은색 구두와 여성 정장에 망사 베일을 두른 모자를 착용한 것"이라고 설명했다. 실제로 엘리자베스 여왕의 장례식장에서 쥐스탱 트뤼도 캐나다 총리 부인 등이 망사 베일을 착용한 모습이 포착되었다. 황희두는 22일 페이스북을 통해 "모닝 베일은 왕족에게만 국한되는 것이 아니라고 한다"며 "부정확한 글로 혼돈을 드려 죄송하다. 앞으로 더 신중하게 소식 전하겠다"고 사과했지만, 김어준은 말이 없었다.[58]

9월 23일 김어준이 자신이 진행하는 유튜브 방송 '김어준의 다스뵈이다'에서 "이재명 (민주당) 대표 임기 동안 새로운 인물을 만들어내야 한다"고 발언해 그게 무슨 뜻인가 싶어 화제가 되었다. 그는 "민주당 차기로 머릿속에 떠오르는 사람이 현재 이재명 대표 외엔 없다"며 "지지자들도 거기에 대한 위기감이 있는 거다"고 했다. 이어 "이재명을 지지한다, 안 한다가 아니라 불안하다. 그 마음이 담겨 있다"며 "(민주당 지지자들이) 이재명 대표 임기 동안 새로운 인물 만들어내야 한다고 생각하는 거다. 이재명 대표는 그걸 스스로 임무라 생각해야 한다"고 주장했다. 그러면서 "그래야 (여당의) 공격도 분산된다. 2번째 3번째 인물이 있는 게 이재명 대표에게도 도움이 되는 것"이라고 설명했다.

그러자 이른바 '개딸'로 불리는 이재명 지지자들이

"망상"이라며 강하게 반발하고 나섰다. 이재명 팬 카페 '재명이네 마을'에는 26일까지 '이재명에 대한 이해가 부족한 김어준', '김어준이 말하는 이재명이 경쟁자를 키워야 한다는 망상', '(김어준이) 원하는 대로 억지 해석을 했다' 등 김어준을 비판하는 글이 다수 올라왔다.[59] 이후 김어준이 두 번 다시 "새로운 인물을 만들어내야 한다"는 말을 하지 않은 걸 보면, 혹 이런 교훈을 얻은 건 아니었을까? "김어준이 아무리 위대한 선전·선동가일지라도 그는 어디까지나 치어리더일 뿐 그 이상의 역할을 할 수는 없다."

서해 공무원 사건, 문재인이 김어준보다 나쁘다

2022년 10월 3일 문재인 정부 청와대 국정상황기획실장을 지낸 민주당 의원 윤건영은 기자회견에서 감사원의 서면 조사에 대한 관련 보고를 문재인에게 전했고, 문재인은 "대단히 무례한 짓"이라고 했다고 전했다. 그런가? 그런데 그런 말을 하려면 북한군에 피살된 공무원 이대준을 월북자로 몰았던 정권의 책임자로서 유가족에게 사죄부터 해야 하는 게 아닌가? 유가족에게 진실을 알려주겠다고 한 약속을 어겨 그런 조사가 이루어지게끔 만든 것에 대해서도 사죄해야 하는 게 아닌가?

한국 현대사에서 '월북'이라는 딱지는 공포 그 자체였다. 월북자 가족들은 인간 대접을 받을 수 없었기 때문이다. 그거야 옛날이야기 아니냐고? 전혀 그렇지 않다. 언론과 전 시민사회는 사실상 월북의 가공할 효과에 굴복하고 말았다. 문재인 정권이 이렇다 할 증거도 없이 월북 타령을 하던 당시 이대준과 그 가족의 인권 문제를 적극 제기하는 단체나 운동은 없었으니 말이다.

이는 명색이 진보파가 저지른 매카시즘이라는 점에서 '신新매카시즘'이라고 부를 만한 비극이었다. 한국의 대표적인 인권 변호사였던 문재인이 그런 '신매카시즘'에 가장 큰 책임이 있는 지도자였다는 건 비극이라기보다는 희극이었다. 인간에 대한 예의, 문재인식으로 말하자면, "사람이 먼저다"는 원칙은 철저히 유린되었으니, 이는 놀랍다 못해 참혹한 일이었다.

유족은 이대준이 피살된 2020년 9월 22일 이후 1년

9개월간 사실상 지옥 같은 삶을 살아야 했다. 아들 이군은 "대한민국에서 월북이라는 단어가 갖는 무게"를 거론한 후 "어머니와 저는 한때 극단적인 선택을 고민했고, 우리 가정은 완전히 망가졌다"고 했다. 문재인은, 한 맺힌 억울함과 극단의 고통을 호소한 이대준의 아들이 보낸 편지에 대한 답장에서 "읽는 내내 가슴이 아팠다"며 "모든 과정을 투명하게 진행하고 진실을 밝혀낼 수 있도록 내가 직접 챙기겠다고 약속드린다"고 썼다. 그러나 문재인은 그 약속을 지키지 않았다. 그가 한 일은 오히려 진상 규명에 역행하는 일련의 조치를 통해 이대준의 가족이 느껴온 고통을 가중시킨 것이었다.

해괴하거니와 무서운 일이었다. 매카시즘의 피해자였던 사람들이 권력을 갖자 권력의 영광을 위해 "대大를 위해 소小는 희생해도 된다"는 전체주의적 사고방식을 실천함으로써 매카시즘을 부활시키다니, 무슨 얼굴로 박정희를 향해 인권 운운하는 말을 할 수 있겠는가? 우리는 이 비극에서 김어준이 무슨 일을 했는지 잘 알고 있다. 김어준은 그 일 하나만으로도 공공 영역에서 퇴출되어 마땅하다. 김어준에게 작은 위로가 될지는 모르겠지만, 나는 "문재인이 김어준보다 나쁘다"고 생각한다.

"김어준 문제는 방송통신심의위원회 문제"

생각하면 생각할수록 이상한 일이었다. 김어준의 지지자 못지않게 반대자도 많을 텐데 왜 공영방송에서 그런 정파적 선전·선동이 계속 반복해서 벌어지는 걸 그대로 방치한 걸까? 나의 평소 지론이지만, 김어준이 문제가 아니었다. 그에게 공영방송의 마이크를 넘겨준 TBS와 그 행태를 보호해주는 시스템이 문제였다.

최근 5년간 방송통신심의위원회에 접수된 TBS 민원 신청 건수는 1,458건에 달했는데, 이 중 79퍼센트가 〈김어준의 뉴스공장〉 관련 민원이었다. 주로 정치 편향성을 문제 삼은 것이었다.[60] 그런데 이런 민원에 대처하기엔 기존 심의 시스템은 근본적인 한계를 안고 있었다.

9월 1일 국민의힘은 민주당이 추천한 방송통신심의위원과 사무처를 직무유기 혐의로 고발하겠다고 밝혔다. 내부 합의 기준에도 김어준이 진행하는 라디오 프로그램 제재와 관련해 편파적인 잣대를 적용했다는 이유에서였다. 국민의힘 원내대표 권성동은 "방심위는 설립 초기부터 같은 방송사가 같은 종류의 심의 기준을 위반 반복하는 경우 제재 수위를 높여가는 내부 합의 기준을 갖고 있는데 TBS 〈김어준의 뉴스공장〉은 예외가 되고 있다"고 했다. 그는 "왜곡, 허위 방송을 반복하고 있음에도 방심위는 면죄부를 주고 있고 올해만 '문제없음' 결과가 5건 발생했다"며 "그 사이 김어준은 야권 지지층에 지령을 내리듯 온갖 선동과 가짜뉴스 생산에 앞장서고 있다"고 했다.[61]

사실 방송통신심의위원회(방심위)의 문제는 1년여 전인 2021년 4월 진중권이 잘 지적한 바 있었다. 그는 "김어준 문제는 방송통신심의위원회 문제"라며 "방통심의위 구성이 편파적이니 공작과 음모론, 거짓말에 기초한 노골적인 프로파간다(선전) 방송을 계속할 수 있는 것"이라고 했다. 9명의 위원으로 구성되어 있는 방심위의 위원 추천은 대통령, 국회의장, 국회 소관 상임위가 3명씩 하게 되어 있기 때문에, 늘 '6대 3'의 비율로 정권에 유리한 결정이 나

오게 되어 있었다.[62]

정권은 교체되었지만 방송 관련 기관들의 인적 구성은 문재인 정권 시절과 다를 바 없었기에 〈김어준의 뉴스공장〉은 여전히 그런 방탄 혜택을 누릴 수 있었다. 그런데 방심위의 그런 정파적 행위가 직무유기로 응징할 수 있느냐 하는 건 별개의 문제였다. 그건 여야를 막론하고 지난 수십 년간 실천해온 '관행'이었기 때문이다. 양쪽 모두 정권을 잡아 방송을 자기편에 유리하게 이용해먹을 생각만 했지, 이런 '방송의 정치화'를 근본적으로 바꿀 생각은 하지 않았다. 정치와 방송 모두를 타락시킨 '김어준 현상'을 불러온 주범도 바로 그런 내로남불이었음은 두말할 나위가 없다.

수년간 반복된 불공정·저질 방송에 대한 면역 효과도 있었을 게다. 10월 18일 방심위 방송 소위 심의위원들은 북한의 발사체 발사 후 NSC가 열리지 않고 안보 상황 점검 회의가 열린 사실과 이를 다룬 언론 보도 등에 대해 김어준이 '개뻥', '뺑도 적당히 쳐야'라는 등 비속어를 사용한 5월 11일 방송분에 대해 행정 지도 '권고'를 의결했다. 그런데 위원들의 말이 재미있다.

　황성욱 위원(국민의힘 추천)은 "KBS 진행자가 이런 얘기를 했더라면 법정 제재를 심하게 했을 것 같다"며 "〈김어준의 뉴스공장〉이 (이런 사례가) 워낙 빈번하니까 나도 모르게 약간 방송에 대한 기준 자체가 내려간 것 같다"고 말했다. 이광복 소위원장은 "KBS나 MBC에서 이런 용어를 쓰는 진행자가 나왔다면 당연히 교체됐을 것"이라고 말했다.[63]

윤석열 퇴진 집회와 10·29 참사

2022년 10월 21일 김어준은 〈김어준의 뉴스공장〉에서 "TBS 지원 폐지 조례안이 상정됐다. 서울시가 돈을, 한마디로 말하면 TBS에 돈을 한 푼도 안 준다는 얘기다. 굶어 죽으라는 얘기"라고 주장했다. 그는 "월급을 자르는 것만큼 효과적인 게 없다"며 서울시와 국민의힘 서울시의회의 움직임을 가리켜 "세계 언론 탄압사 중에 가장 치사한 사례로 영원히 기억될 것이다. (이 사태의) 기승전결이 끝나고 나면 널리 알려 달라. 이렇게까지 치사할 수 있구나(라는 내

용으로)"라고 말했다.[64]

명색이 공영방송임에도 국민의힘 정부와 지방정부 하에서 계속 친親민주당 방송을 하는 건 치사한 게 아닌가? 아예 정파성을 초월하겠다든가 하는 대안도 제시하지 않은 채 여태까지 해오던 그대로 하겠다는 건 더욱 치사한 게 아닌가? 김어준과 TBS의 그런 행태를 가리켜 누군가가 "세계 언론 타락사 중에 가장 치사한 사례로 영원히 기억될 것이다"라고 말한다면, 뭐라고 반론을 펼지 궁금하다.

10월 24일 〈김어준의 뉴스공장〉엔 윤석열 대통령 퇴진을 요구하는 집회를 주도한 '촛불승리전환행동' 공동대표 안진걸이 출연했다. 그는 어르신을 제외하면 대통령 탄핵 찬성 여론이 '70퍼센트 안팎'까지 된다고 강조했다. 그러자 김어준은 "어르신을 제외한 여론조사가 (그 정도) 수치를 본 적이 없는데, 60퍼센트 가까이 되는 건 본 적이 있다"고 했다. '언제까지 퇴진 운동을 계속할 것인가?'라는 김어준의 질문에, 안진걸은 "당연히 퇴진할 때까지 매주 토요일마다 한다"고 답했다. 연이어 "퇴진이 바로 안 될 가능성이 있다"면서 "의외로 더 많은 국민이 모이면 나쁜

짓을 못하게 하는 효과가 있다"고 주장했다.[65]

10월 29일, 서울시 용산구 이태원동 해밀턴 호텔 서편의 좁은 골목에 핼러윈 축제를 즐기려는 수많은 인파가 몰리면서 158명이 압사하는 비극적인 참사가 벌어졌다. 김어준은 10월 31일 〈김어준의 뉴스공장〉에서 이 참사에 대해 '정치 문제'라며 정부와 여당의 책임을 요구하면서 이 주장의 근거로 사고가 난 골목길에 '일방통행 조치'를 하지 않았다고 지적했다. 반면, 문재인 정부 시절에는 경찰이 일방통행 조치를 취했다고 설명했다. 김어준은 또 "혹자는 사고를 정치적으로 이용하지 말라고도 하는데 아닙니다. 이건 정치 문제가 맞습니다"라며 "제대로 책임을 묻지도 않고 어떻게 가족을 떠나보냅니까"라고 말했다.

이에 국민의힘 ICT미디어진흥특위 공정미디어소위는 성명서를 통해 "김어준의 발언은 인터넷상에서 빠른 속도로 퍼져 나갔고, 과거 그가 했던 수많은 거짓말처럼 민심은 동요하기 시작했다"며 "하지만 새빨간 거짓말이었다"고 말했다. 소위는 '일방통행 조치를 한 적이 없다'는 경찰과 용산구청 답변을 소개한 뒤 "이런 사실들은 경찰과 용산구청을 통해 확인할 수 있는 내용"이라고 했다.

　김어준이 "작년 영상도 봤다. 연도는 정확하게 기억
안 나는데 분명히 일방통행이었다"고 발언한 것에 대해서
는 "경찰은 '작년 핼러윈 때 코로나로 인한 야간 영업 제한
이 있었기 때문에 오후 10시 이후 호루라기를 불어 시민
들의 귀가를 종용했다'면서 '그래도 일부 시민이 귀가하지
않고 길거리에서 음주를 하는 등 방역 수칙을 어겨 경찰이
술집 방향 진입을 막은 적은 있다'고 밝혔다"고 했다.

　소위는 "TBS 〈김어준의 뉴스공장〉은 그동안 끊임
없이 가짜뉴스로 국민들을 현혹하고 선동하는 듯한 방송
을 해왔다"며 "지난 서울시장 재보궐선거 당시 생태탕, 페
라가모 보도가 그랬고, 세월호 참사 때의 고의 침몰설과 미
잠수함 충돌설, 2012년 대선 때 부재자 투표 조작설 등 일
일이 거론하기조차 힘들 정도"라고 했다. 그러면서 "〈김어
준의 뉴스공장〉은 국민들에게 고통을 안겨주는 사건사고
가 발생하거나, 선거가 있을 때마다 가짜뉴스, 왜곡 편파
보도, 선동적 발언 등을 통해 본질을 호도하고 사건을 정치
화해왔다는 비판을 받고 있다"며 "이번에도 마찬가지다.

모든 국민을 영원히 속일 수는 없는 법이다. 무고한 젊은이들의 죽음을 정치화해 정치적 이득을 얻으려는 모든 행위는 준엄한 역사의 심판을 받고야 말 것"이라고 했다.[66]

국민의힘 서울시의원 이종배는 방심위에 진정서를 내고 "김씨의 주장은 명백한 허위사실"이라며 "김씨의 허위 방송은 '공정하고 객관적이어야 한다'는 방송법을 명백히 위반했다"고 했다. 그는 "온 국민이 충격과 슬픔에 빠져 힘들어하는 시기에 공영방송 진행자의 잘못된 말 한마디가 유족에 더 큰 상처를 주고, 사회적 혼란과 분열을 야기해 사고 수습을 어렵게 하고 있다"며 "죽음을 팔아 정치적으로 이득을 보겠다는 행동은 천벌 받을 짓이자 반인륜적 범죄"라고 주장했다.[67]

10·29 참사의 원인과 책임 공방

그럼에도 김어준은 2022년 11월 2일 방송에서도 출연자인 민주당 의원 황운하와 함께 "과거 핼러윈 때 운영했던 이태원 일방통행 체제를 올해 운영하지 않아 참사가 빚어졌다"는 주장을 또다시 되풀이했다. 김어준은 "의아한 것 중에 하나가 마약 수사를 담당하는 사법경찰 79명이 투입 됐다는 것"이라며 "경찰 혼자 판단하진 않았을 것 아니냐. 마침 대검에서 불과 그 2주 전에 마약과의 전쟁을 한동훈 장관이 선포했다"고 했다.

말을 이어받은 황운하는 "저는 마약과의 전쟁 이런 것도 의도를 순수하게 안 본다"며 "마약이 좀 확산 기미가 보이는 건 틀림없지만, 마약과의 전쟁까지 할 만큼 그 정 도 상황이냐"고 했다. 이어 "마약과의 전쟁을 벌이는 것이 뭔가 그 ○○○ 공안 통치 분위기를 만들려는 걸로 보인다" 며 "사실상 계엄령 분위기로, 검찰 주도 분위기로 정국을 끌고 가려는 것"이라고 했다. 또 "한 장관이 마약의 실태를 좀 부풀렸을 가능성이 있다"고 했다. 아예 정부와 여당은 황당하다는 반응을 보였다.[68]

국민의힘은 11월 4일에도 "허위사실로 청취자들을 선동했다"며 이태원 참사와 관련 정부 책임론을 제기한 〈김 어준의 뉴스공장〉 방송 내용을 조목조목 반박했다. 국민의 힘은 안진걸이 〈김어준의 뉴스공장〉에 출연해 광화문 광장 사용 신청이 서울시와 경찰에 의해 불허되었다고 반발한 것에 대해서는 "광화문 광장 사용 신청이 불허된 것은 집회 신청 기간이 지났을 뿐만 아니라, 이미 다른 단체가 먼저 집회 신청을 한 것에 따른 불가피한 불허였다"며 "이를 두고 '거짓말', '만행', '작태' 등 자극적이고 편향된 용어로 비난을 퍼부었다. 안진걸은 일방적인 집회 홍보 발언을 계속했다"고 했다.[69]

방심위 방송 소위는 나중에(11월 22일) 〈김어준의 뉴스공장〉에 대해 '재난에 대한 정확한 정보 제공' 조항 등 위반으로 법정 제재인 '주의'를 의결했다. 민원인은 과거 핼러윈 시 이태원 일방통행과 동선 통제가 없었음에도, 진행자 김어준이 '과거 폴리스라인 치고 한쪽으로 통행하게 했다'며 허위사실로 관련 지자체장 책임을 부각시켰고, 2021년 이태원 3개 기동대 배치는 코로나 방역 단속 목적이었고, 당일 경찰의 마약 단속은 법무부나 검찰 공조가 아니었음에도 김어준이 정권의 마약과의 전쟁 선포로 인한 경찰 배치 급감이 사고 원인인 것처럼 왜곡했다고 했다.

이날 국민의힘 추천 위원들은 'TBS의 보도에 정치

적 목적이 있음'을 의심하는 발언을 이어갔다. 김우석 위원은 "사건의 원인이 파악되기도 전에 먼저 대통령이 책임을 지라는 게 말이 되는가. 대통령께서 사과도 하고 대국민 약속을 몇 번 하셨다. 왜 자꾸 대통령 책임을 강조하는가. 혹시 정치적인 부분들이 아닌가 사람들이 의구심을 갖는다"고 주장했다. 황성욱 위원도 "방송이 정파성을 갖기 시작하면 고유 책임과 과실 책임이 무너지면서 그냥 정치 게임이 되어간다"고 주장했다. 그러면서 "김어준 TBS 방송 제작진은 이태원 참사에 대한 원인이 마약 수사에 대한 우선순위에 있다고 판단을 내린 것인가"라고 물었다.

반면 민주당 추천 윤성옥·정민영 위원은 신속 심의와 제작진 의견 진술 진행 자체에 대한 우려의 목소리를 제기했다. 윤성옥 위원은 "이태원 참사 원인에 대해 정부가 밝혀야 함에도 왜 이 자리에서 제작진이 그것을 입증해야 되는지 모르겠다. 참사에 대한 합당한 의혹 제기는 언론의 책무다. 참사 이후 5일치 방송분을 신속 심의 안건으로 올리고 의견 진술을 하는 것은 부당하다. 우리가 공정한 방송을 요구하기 전에 '공정한 심의'를 입증했으면 한다"고 말

했다.[70]

'보수 김어준'이 김어준식으로 진보를 공격해도 좋나?

김어준이 윤석열에 대한 증오와 혐오가 강한 애청자들의 뜨거운 지지를 누린 이유 중의 하나는 사석에서나 할 수 있는 거친 말을 공영방송 마이크에 대고 배설하듯 내뱉는 방송을 거침없이 한 것이었다. 2022년 11월 10일 〈김어준의 뉴스공장〉 방송에서 이루어진 그런 배설 행위를 잠시 감상해보자.

문재인 전 대통령 풍산개 논란에 대해 "돈 아까워서 강아지 버린 사람으로 하루아침에 만든 것 아닙니까? 이게 정치가 사람을 죽이는 방식이에요. 여기 걸리면 웬만하면 죽습니다. 정말 비열하고 잔인한 방식", MBC 취재진 대통령 전용기 탑승 배제에 대해 "'너 차 안 태워줘' 이거 아닙니까?", "복수하는 건데, 어떻게 이렇게 유치할 수 있어요?", "조기 축구회장이 축구 졌다고 '버스 타지 마' 이런 수준이잖아요", 코로나19 감염자 급증에 대해 "지긋지긋

해요. 정부가 코로나에 대해서 하는 게 없으니까", "현 정부 들어서 방역 관련해서 뭘 하는지 모르겠어요", 정부의 YTN 지분 매각 방침에 대해 "언론의 공적 기능을 정부에서는 아주 박살을 내려고 하는 것"이라고 말함.[71]

이런 식의 언어 구사에 중독된 애청자들이 속이 후련하다며 '김어준 만세'를 외치는 건 이해할 수 있는 일일망정, 문제는 공영방송 전파가 그런 용도로 소비되어도 괜찮은가 하는 것이었다. '보수의 김어준'이 공영방송 마이크를 그런 식으로 이용해 이재명이나 문재인, 아니면 민주당의 거물 인사를 그런 식으로 박살낸다면, 김어준에게 박수를 쳤던 사람들은 그런 사용법에 대해 수긍할 수 있겠느냐는 것이다. 왜 그런 최소한의 역지사지도 하지 않는 건지 참으로 안타까운 일이다.

11월 15일 서울시의회가 TBS에 대한 서울시의 재정 지원을 2024년 1월부터 중단하도록 하는 내용을 담은 조례를 통과시켰다. 서울시의회 국민의힘 원내대표 최호정은 "지난 6월 선거에서 보여준 서울 시민의 민심은 정보통신기술의 발달로 시대가 변한 만큼 TBS에 막대한 세금

을 매년 지원할 필요성이 다했다는 것"이라며 "서울시의
회 국민의힘은 시민의 요구에 응답하기 위해 소속 의원 전
원의 일치된 의사로 이 조례안을 처리했다"고 밝혔다.[72]

　　전국언론노조 TBS 지부장 조정훈은 "서울시 국민
의힘이 서울시 한복판에서, 하나의 언론사를 없앴다. 독재
시절에도 일어나지 않는 무자비한 일을 목도하고 있다"며
"진정한 지역 공영방송 TBS 될 수 있도록 끝까지 투쟁하
겠다"고 말했다. TBS 노동조합 위원장 이정환은 "끝이 아
니다. TBS를 지키기 위해, 400여 노동자의 삶을 지키기
위해 투쟁할 것"이라고 말했다.[73] 김어준은 11월 18일 〈김
어준의 뉴스공장〉에서 "국민의힘 서울시 의원들은 TBS
지원을 끊는 조례를 통과시켰다"며 "〈뉴스공장〉 없앨래
(아니면) '다 죽을래' 이거 아닌가"라고 주장했다.[74]

더탐사의 '한동훈 스토킹'을 옹호한 김어준

11월 27일 유튜브 매체 '시민언론 더탐사' 취재진이 법무
부 장관 한동훈 자택 앞을 찾아간 것을 두고 스토킹 논란이

일었다. 이들은 아파트 공동 현관을 거쳐 엘리베이터를 타고 한동훈이 거주하는 층으로 올라간 뒤 현관문 앞에서 여러 차례 "한 장관님 계시냐", "더탐사에서 취재하러 나왔다"고 외쳤다. 현관문의 도어록을 누르거나 문 앞에 놓인 택배물을 살펴보기도 했다. 당시 자택 안에는 한동훈 부인과 자녀만 있었던 것으로 전해졌다.

그런데 김어준은 다음 날 〈김어준의 뉴스공장〉에서 더탐사를 두둔하는 듯한 입장을 취했다. 그는 "집 앞에 왔다는 거 아니냐. 가겠다고 사전 예고도 하고. 언론의 이런 취재 방식, 집 앞으로 찾아가는 거 비판받을 때 있다. (만약) 상대가 힘없는 개인이라고 하면 비판받을 여지가 있다. 그런데 그 대상이 한동훈 장관이라는 권력자라면 이건 취재의 일환으로 용인되어야 한다고 생각한다"고 주장했다. 이어 "일반인들은 (한 장관에게) 접근할 수 없다"며 "(한 장관은) 감시 대상이 되어야 한다. 그런 관점에서 봐야 한다"고도 했다. 또 "(더탐사가 한 장관 자택 안으로) 들어간 건 아니지 않나"며 더탐사의 행동이 주거침입에 해당하지 않는다는 취지의 발언도 했다.

그러나 야당에서도 더탐사의 행위가 무리수였다는 반응이 나왔다. 변호사 출신의 민주연구원 부원장 현근택은 같은 날 CBS라디오 〈김현정의 뉴스쇼〉에서 "근무지는 (기자들이) 기다릴 수 있다. 압수수색할 때는 집 앞에서 기다리는 것도 또 모르겠다"며 "평소에 (집 앞에서) 기다리는 건 오버한 것 같다"고 말했다. 그는 "공동 현관문은 다른 주민이 문을 열어줬다면 (처벌하기) 애매할 수 있다"면서도 "비밀번호 도어록을 눌렀을 때 이미 주거침입이라는 견해가 있다"고 했다. 그는 "어찌 보면 허가 안 받고 누른 것 아니냐"며 "(법적) 다툼이 있을 수 있다. 제가 봐도 이렇게까지 할 필요는 없는 것 같다"고 했다.[75]

국민의힘 비대위원 김행은 비상대책위원회의(비대위)에서 "압수수색 당한 기자의 마음이 어떤지 당해보라며 보복 방문임을 분명히 했다"며 "현관 앞 택배까지 뒤졌다. 모두 생중계였다. (한 장관의) 아파트 호수까지 공개됐다. 집 안에는 부인과 자녀가 있었다. 공포와 충격 그 자체다. 더탐사, 그리고 (친야당 성향 매체) 민들레 같은 제2, 3의 김어준은 대한민국의 독버섯"이라고 했다. 비대위원 김종혁도 "대한민국은 언제까지 겉으론 언론의 자유라는 숭고한 가치를 내세우며 실제론 왜곡과 조작을 밥 먹듯이 하고 무소불위 권력을 휘두르는 좌파 매체 행태를 지켜봐야 하나"라며 "대한민국이 과연 법치국가가 맞느냐는 탄식이 절로 나온다"고 했다.

비대위원장 정진석은 비대위가 끝난 후 기자들과 만나 "이런 일은 언론인이 규탄해야 할 문제 아닌가. 어떻게 언론이라는 이름을 더탐사라는 매체가 사용할 수 있나. 정상적인 언론인과 언론 매체를 욕보이는 일"이라고 했다. 그는 "도저히 있을 수 없는 폭력"이라며 "더탐사라는 매체는 언론이라 생각하지 않는다. 불법 천지를 휘젓고 다니는 그냥 폭력배에 다름 아니다"고 했다.[76]

"제2, 제3의 김어준이 우후죽순으로 생겨나고 있다"

더모아 정치분석실장 윤태곤이 『조선일보』(2022년 11월 28일) 기자 김아진과의 인터뷰에서 김어준에 대한 탁월한 분석과 해석을 제시했다. 지난 8년간 설과 추석을 제외하

고 매주 적잖은 정치인들이 챙겨 읽는 '이주의 전망'을 써
온 윤태곤은 "정치가 점점 나빠지고 있다"고 했다. 그는
"특히 더불어민주당이 나쁜 정치를 선도하고 있다. 지지층
을 격동시키는 방식, 즉 '김어준식' 정치에 빠지면서 정치
가 제 역할을 못하게 됐다"며 "제2, 제3의 김어준이 우후
죽순으로 생겨나면서 정치인들이 장외에 끌려다니는 황당
한 상황이 벌어졌고 그 힘이 너무 커져버렸다. 이 때문에
정치의 악순환이 반복되고 있다"고 개탄했다.

그렇게 된 이유에 대해 윤태곤은 "이주의 전망을 쓰
기 시작한 2015년을 기점으로 생각해보자. 문재인 전 대
통령이 2012년 대선 패배 후 다시 활동 폭을 넓힐 때다.
김어준 씨가 그전에도 영향력이 있었지만 이때부터 원톱
으로 올라섰다. 거의 신흥 종교 단체였다"며 다음과 같이
말했다.

"정치권에 있어야 할 유권자들이 김씨에게 가서 설
교 말씀도 듣고, 헌금도 냈다. 정치인들도 우르르 몰려갔
다. 김씨가 '저기 뒤에 의원님 오셨습니다' 하면 일어나서
인사했다. 이해찬 전 총리 같은 사람은 '김어준만이 정론'

이란 식으로 규정하며 힘을 실었다. 김씨가 가족상을 당했을 때 '배지(국회의원)'들이 인산인해를 이뤘지 않나. 김씨는 문재인 정부 5년 내내 엄청난 영향력을 행사했다. 정치는 그렇게 장외에 끌려다녔다. 그런데도 여전히 김어준이 되겠다며 나서는 '더탐사', '민들레' 등이 우후죽순 생겨나고 있다."

김아진 "어디서부터 잘못된 건가?"

윤태곤 "과거엔 정치인들이 깃발을 들고 나섰다. 그러나 요즘 정치인들은 인터넷에서 뭘 떠드나 본 뒤에 그 여론을 따라간다. 민주당이 이런 나쁜 정치를 선도했다. 국민의힘도 '우리도 밀리면 안 된다'고 해서 유튜브 등에서 우파 전사들을 만들었다. 김어준 씨는 문재인 전 대통령과 조국 전 법무 장관 손을 들어주고 지난 대선 때는 이재명 대표 손을 들어줬다. 거기에 따라 민주당이 움직였다. 그런데 어떻게 됐나. 결과는 패배였다. 야권 지지자들에게 승리를 안겨주지 못했다. 이제 사람들도 다 알아버렸다. 이제 이런 정치도 끝물이다."

김아진 "국민들도 다 안다는 건 무슨 말인가?"

윤태곤 "지지층을 격동시키는 것만으로 이길 수 없다는 뜻
이다. 일례로 '조국 사태' 때 조 전 장관을 옹호하는
서초동 집회에 100만 명이 모였다는 말이 나왔었다.
민주당도 줄줄이 함께했다. 그랬더니 보수가 앞장선
광화문 집회에 더 많은 사람이 모였다. 전광훈 목사
와 같은 편으로 몰릴까 걱정을 하면서도 조 전 장관
쪽 흐름을 꺾어버리기 위해 나간 거다. 침묵하는 다
수, 중도층, 스윙보터들이 이렇게 결정적인 순간에
는 나온다. 이번 대선도 그런 흐름에서 봐야 한다."

김아진 "이재명 대표의 사법 리스크는 어떻게 보나?"

윤태곤 "민주당에선 김어준의 영향력이 상당히 떨어졌다.
일부 의원이 관성 때문에 그걸 붙잡고는 있지만, 지
금의 문제는 이재명 대표다. 유력 주자는 원래 자기
대선만 생각하게 돼 있다. 정치인이니까 당연하다.
하지만 이 대표는 대선이 아니라 생존에 급급해 보
인다. 이 대표가 차기 대선을 신경 쓴다면 총선에서

이겨야 하기 때문에 다른 방식으로 정치를 할 거다. 그러나 생존에만 관심이 있다 보니 정진상, 김용 같은 측근들에게 당직을 주는 등의 좁은 정치를 한 거다. 안타깝다."

김아진 "좋은 정치로 가는 해결 방법은 없는 건가?"

윤태곤 "합의와 승복을 통해 교집합을 넓혀가는 게 좋은 정치, 좋은 사회를 만드는 것이다. 지금의 정치에서는 합의와 승복을 배신이라고 생각한다. 역풍을 맞는다. 과거 세월호 때 민주당에선 유가족들에게 '쟁취해오겠다'고 약속했다. 여야가 합의했더니 '왜 굴복했냐'고 했다. 역풍을 맞고 사과했다. 이게 지난 정치의 트렌드였다. 결국 대화와 타협이 필요하다."[77]

"김어준이 민주당에 끼친 해악이 너무 컸다"

김어준이 2022년 연말에 TBS 〈김어준의 뉴스공장〉을 하차한다고 밝혔다. 그는 12월 12일 방송에서 "오늘은 2016년 9월 26일 〈뉴스공장〉 첫 방송 이후 6년 2개월 15일이 되는

날"이라며 "앞으로 3주 더 〈뉴스공장〉을 진행한다. 올해 말까지 하겠다"고 말했다.

하차 계획을 미리 밝힌 이유에 대해선 "올해 말까지라는 것은 지금 알려야 TBS를 이어가는 분들이 준비를 할 수 있으니까"라고 했다. 또 그는 "(방송을 그만하는) 사정이 있다"며 "앞으로 20년은 (방송 진행을) 하려 했다. 그런데 아직 3주나 남았으니, 그 이야기는 나중에 마무리하겠다"고 했다. 그는 TBS에서 〈신장식의 신장개업〉과 〈아닌 밤중에 주진우입니다〉를 진행 중인 신장식과 주진우도 "오늘 입장을 이야기한다"며 동반 퇴진할 것임을 예고했다.[78]

신장식과 주진우는 하차에 불만을 공개적으로 드러냈다. 신장식은 이형기의 시 「낙화」를 낭독한 뒤 "항의와 연대, 무엇보다 TBS 노동자들의 생존권을 볼모로 잡은 작금의 인질극에서 인질을 먼저 살리기 위한 선택"이라고 주장했다. 주진우는 "특정인, 특정 프로그램이 밉다고 조직의 밥줄을 끊는다. 최악의 언론 탄압의 단면"이라며 "오세훈 시장을 언론 탄압의 주인공으로 기억하겠다"고 했다.

이에 가장 펄펄 뛰고 나선 이는 그간 김어준과 친밀

한 관계를 유지해온 민주당 의원 김남국이었다. 그는 14일 오전 페이스북에 세 진행자의 하차를 언급하며 "말이 좋아 하차인 것이지 TBS 전체 조직의 예산을 삭감하니까 도저히 버틸 수 없어서 TBS를 살리기 위해 자신들을 희생한 것"이라고 주장했다. 이어 "특정 프로그램, 몇몇 진행자가 밉다고 TBS 전체를 죽이는 결정을 한 것은 직원들을 인질로 삼은 치졸한 협박이자 언론 탄압"이라며 "수년 동안 동고동락한 동료들의 밥줄을 쥐고 흔들어대는데 누가 버틸 수 있겠냐"고 했다.

앞서 소개했듯이, 김남국은 "불량배도 하지 않을 파렴치한 방식으로 언론사를 탄압하고 길들이려는 시도가 성공했다고 웃고 있을지 모르겠다"며 "그러나, 김어준, 신장식, 주진우 이들의 마이크 파워는 더 커질 것이고 국민들의 저항은 훨씬 더 거세질 것"이라고 전망했다. 이어 "지금은 끼리끼리 비슷한 사람들이 모여서 잠시 망상 속에서 웃고 있을 뿐"이라며 "최악의 언론 탄압을 국민과 함께 반드시 심판하겠다"고 했다.[79]

그러나 민주당 내 일각에선 "그간 김어준이 민주당에

끼친 해악이 너무 컸다"며 "잘 물러났다"는 목소리도 있었다. 한 친문 재선 의원은 "돌이켜보면, 김어준을 총수처럼 받들다 결국 민주당이 연패의 늪에 빠진 것 아니냐"고 말했다.[80] 클리앙 등 친야 커뮤니티에선 김어준을 적극 옹호하며 "이참에 MBC로 보내자"는 글이 연일 올라오고 있었다지만,[81] 그들이 그렇게까지 슬퍼할 일은 아니었다. 김어준에겐 2개월 전인 10월 14일 중앙선거관리위원회 산하 중앙선거여론조사심의위원회에 등록한 여론조사 업체인 '여론조사꽃'(대표 김어준)이 있지 않은가?

김어준 회사의 "답장너 여론조사"

12월 16일 중앙선거관리위원회 홈페이지에 따르면, 김어준의 회사는 12월 11~12일 이틀에 걸쳐 전국 만 18세 이상 남녀 1,001명을 상대로 한 '여론조사꽃 정례 ARS 여론조사'를 진행했다. 그런데 전체 문항 10개 가운데 6개가 법무부 장관 한동훈 관련 질문이고, 1개가 김건희 관련 질문이었다. 또 여러 질문에 특정 답변을 유도하는 문장이 숨어 있었다. 그래서 "답정너 여론조사", "김어준의 뇌 구조도" 등의 지적이 나오긴 했지만, 많은 사람을 재미있게 만들어준 건 분명했다. 『조선일보』(2022년 12월 16일) 기사를 중심으로 그 주요 내용을 감상해보기로 하자.

문항은 총 10개였는데, 3개의 카테고리로 나뉘었다. 우선 '정치 지표' 카테고리의 1~3번 문항은 일반적 여론조사와 크게 다르지 않았다. '윤석열 대통령이 대통령으로서 일을 잘하고 있다고 생각하십니까, 아니면 잘 못하고 있다고 생각하십니까'라는 식이었다. 이 질문에 응답자 41.9퍼센트가 '잘하고 있다'를 선택했다.

이 결과에 대해 김어준은 해설 방송에서 "윤 대통령 지지율이 가장 높게 나온 걸 두고 자신의 잘못"이라고 했다. "한동훈 장관의 질문을 받으면 받을수록 이게 중간에 전화를 끊어버려, 사람들이. 내 잘못이야, 내가 너무 많이 물어봤어. 한동훈에 대해서……." 그러니까 질문지 구성상 한동훈에 대한 질문이 많았는데 민주당 지지층들이 중간에 전화를 끊어서 보수 응답자만 많이 남게 되었고, 그래서 결과가 왜곡되었다는 의미였다.[82]

두 번째 카테고리는 제목이 '한동훈 장관'이었는데, 세부 질문이 6개였다. 직무수행 평가, 개인 호감도, 국민의힘 당대표 출마 적절성, 답변 태도, 정치인 자질, 10억 손배소 청구 등이었다. 나머지 1개 카테고리는 '정치 현안'이었는데, 주제는 단 하나 '김건희 소환 조사 필요성'이었고, 질문도 1개였다. 여권 관계자는 "김씨가 머릿속 공격 목표로 설정한 타깃의 중요도만큼 질문 숫자가 배정된 거 같다"며 "한동훈 스토킹 식으로 만들어진 질문지 자체가 '김어준 뇌 구조도' 같다"고 했다.

민감한 질문엔 유도성 문구 또는 문장이 숨어 있는 것도 김어준다운 발상이었다. 예컨대 한동훈 장관의 10억 원 손배소 청구와 관련한 질문은 이랬다. "한동훈 장관은 청담동 술자리 의혹 관련해 더불어민주당 김의겸 의원과 더탐사 관계자 등을 상대로 허위사실 명예훼손으로 형사 고소와 10억 손배소를 제기했습니다. 검찰 사무를 관장하는 법무부 장관으로서 한 장관의 대응에 대해 어떻게 생각하십니까?" 또 김건희 관련 질문은 이랬다. "도이치모터스 주가 조작 사건 법정에서 통정 거래로 의심되는 주문이 대통령 배우자 김건희 씨 전화로 이뤄진 것으로 드러났습니다. 김건희 씨를 소환 조사해야 한다는 주장에 대해 어떻게 생각하십니까?"

이에 대해 전문가들은 "유도성 질문을 통한 답정너 여론조사"라고 평가했다. 명지대학교 교수 김형준은 "유도성 질문을 통해 정해진 답으로 향해가도록 설계된 여론조사는 아주 나쁜 조사"라고 했다. 익명을 요구한 어느 정치학 교수는 "해당 여론조사의 일부 문항은 여론조사 질문의 원칙을 무시하고 선동의 목적으로 만들어졌다"고 했다. 그는 익명을 요구한 이유에 대해 "김어준 씨 극성팬들의 온라인 집단 공격이 피곤해서"라고 답했다.

또 다른 여론조사 전문가는 "질문지를 보면, 정당이나 선거와 직접적으로 관련된 문항은 별다른 문제없이 만들고, 자기가 필요한 일부 문항만 답정너로 만들었다"며 "김어준 씨가 선거여론조사심의위 규정을 너무 잘 알고서 규제를 피해나간 것으로 보인다"고 했다. 관련 법규상 중앙선거관리위원회의 여론조사 심의 대상은 '선거 관련 질문'에 한하며, 선거와 관련되지 않은 일반적인 정치·사회

현안은 심의 대상이 아니어서 이런 식의 질문이 가능했다는 설명이었다.[83]

TBS의 '공정성 평가를 위한 내부 조사'

2022년 12월 29일 『중앙일보』가 입수해 보도한 TBS의 '공정성 평가를 위한 내부 조사' 자료에 따르면, 'TBS에서 제공하는 방송 콘텐츠가 어느 정도 공정하느냐'는 질문에 응답한 직원 53.1퍼센트가 '공정하지 않다'고 답했다. 반면 '공정하다'는 의견은 27퍼센트에 그쳤다. 또 'TBS가 공정성 확보를 위한 내부 시스템을 보유하고 있느냐'는 질문엔 60퍼센트가 '보유하고 있지 않다'고 답해 '보유하고 있다'(21.9퍼센트)는 응답의 2배를 훌쩍 넘었다.

불편부당한 입장에서 내용을 전달하는지 묻는 '중립성' 문항에 '전혀 그렇지 않다'(40.5퍼센트)와 '그렇지 않다'(22.3퍼센트)는 응답이 전체의 62.8퍼센트를 차지했다. '매우 그렇다'(7퍼센트)와 '그렇다'(13퍼센트)는 응답은 20퍼센트뿐이었다. 각 입장을 균형 있게 전달하는지를 묻는

'균형성' 문항에서도 '전혀 그렇지 않다'(38.1퍼센트)와 '그렇지 않다'(22.3퍼센트)는 응답이 전체의 60.4퍼센트를 차지해 '매우 그렇다'(7.9퍼센트)와 '그렇다'(14.9퍼센트)는 답변을 압도했다. 드러난 사실을 정확하게 확인한 뒤 방송하는지를 묻는 '사실성' 문항에서도 부정적으로 답한 응답자가 43.3퍼센트로 긍정적으로 답한 응답자 34.5퍼센트보다 많았다.

〈김어준의 뉴스공장〉의 가장 대표적인 이미지'를 묻는 질문엔 '편향성 시비 등의 논란'을 꼽는 비율이 59.9퍼센트로 압도적이었다. 다음으로는 '진행자의 독단'(21.9퍼센트), '출연자의 편향성'(10.2퍼센트), '방송 심의 관련 제제 등 규칙 위반'(4.4퍼센트), '언론 탄압 등의 이슈'(3.6퍼센트)의 순서였다.

TBS 노사 동수가 참여한 '공정방송위원회'를 통해 여론조사업체 마크로밀엠브레인에 의뢰해 진행된 이 조사는 당초 공개를 전제로 진행되었다. 그러나 12월 16일 결과 집계 뒤 라디오 제작 본부 등 일부 조직에서 결과 공개를 막아서면서 지금까지 비공개되었다. TBS 관계자는 "소수지만 기득권을 가진 자들이 (TBS) 대표 공석이라는 틈을 이용해 다수 직원들의 입장에 반하는 비민주적인 행위를 하고 있다"며 "소수의 기득권을 계속 유지시키고 새 대표가 할 수 있는 권한을 대폭 축소시키려는 것"이라고 주장했다.[84]

이 조사 결과에 대해 국민의힘 비대위원 김종혁은 "편파 왜곡 보도의 상징이라는 비판을 받는 〈김어준의 뉴스공장〉의 실체가 드러났다"고 말했다. 하지만 공정성과 중립성 등에 대한 긍정 응답이 20퍼센트대에 이른다는 게 〈김어준의 뉴스공장〉의 실체를 더 드러낸 건 아니었을까? "도대체 뭐가 문제란 말인가?"라는 식으로 생각하는 확신파는 '일당백'의 힘을 발휘할 수 있기에 극소수일지라도 권력을 가지면 잘못된 일을 얼마든지 밀어붙일 수 있지만, 그 규모가 20퍼센트대에 이르면 못할 일이 없다는 걸 말해준 게 아니었겠느냐는 것이다.

김종혁은 김어준이 12월 30일 방송을 끝으로 〈김어준의 뉴스공장〉에서 하차하는 것을 두고는 "정권의 탄압을 받은 순교자로 묘사하려 할 것"이라며 "모든 사람을 잠간 속이거나 일부를 영원히 속일 수 있지만, 모든 사람을 영원히 속일 수는 없다"고 했다. 그러면서 "〈뉴스공장〉은 TBS를 초토화시켰을 뿐 아니라 편파 왜곡 보도의 끝장을 보여주는 흑역사로 남게 될 것"이라고 주장했다.[85]

김어준 "3년 6개월 후 돌아와 20년 진행할 것"

김어준은 2022년 12월 30일 마지막 방송을 시작하면서 "모두에게 띄운다. 오세훈 빼고"라면서 가수 전인권의 〈걱정 말아요 그대〉를 선곡했다. 노래가 끝나고 난 후 김어준은 "이 말부터 해야겠다"며 운을 뗐다. 그는 "저는 (오세훈 서울시장의 임기가 끝나는) 3년 6개월 후에 다시 돌아온다. 오늘은 그 3년 6개월이 시작하는 첫날이다"라며 "다시 돌아와서 또다시 (청취율) 1위를 할 것이고, 그 후로 20년간 계속 1위를 할 작정"이라고 말했다.[86]

　3년 6개월 후 어떤 일이 벌어질지는 모르겠지만, 그 기간에 김어준이 외로울 것 같지는 않았다. 김어준은 지지자들에겐 누구 말마따나 "정권의 탄압을 받은 순교자"로 자기 연출을 잘했기에 그에 대한 지지는 뜨거웠기 때문이다. 2022년 12월 31일부터 2023년 1월 2일까지 사흘 동안 언론에 흘러넘친 다음과 같은 기사 제목들은 그걸 입증해주기에 충분했다.

「김어준 새 유튜브, 첫 방송 전부터 구독자 10만 명 넘었다」, 「'유튜브 복귀' 김어준, 구독자 13만 명 넘어…첫 게스트는 유시민」, 「'뉴스공장' 떠난 김어준, 유튜브 공개 하루 만에 구독자 14만 명 육박」, 「김어준 새 유튜브 '겸손은 힘들다 뉴스공장' 하루 만에 구독자 수 20만 돌파」, 「김어준 새 유튜브 '겸손은 힘들다 뉴스공장'…사흘 만에 구독자 30만 '초고속 돌파'」, 「유튜브서 부활한 김어준의 '뉴스공장', 구독자 벌써 31만」, 「김어준 새 유튜브, 티저 공개 사흘 만에 구독자 32만 명 돌파」.

2023년 1월 6일 김어준은 유튜브 채널 '딴지방송국'이 공개한 '김어준의 다스뵈이다' 영상에서 다음 주 월요일(9일) 처음 방송하는 '겸손은 힘들다'를 언급하며 "방송을 시작할 때 이미 (구독자) 50만이 되었을 것이고 첫 주가 끝나면 100만이 되어 있을 것"이라고 말했다. 그가 〈김어준의 뉴스공장〉 하차 후 새로 시작한 '겸손은 힘들다'는 매주 월요일부터 금요일 오전 7시 5분부터 9시까지, 〈김어준의 뉴스공장〉과 같은 시간에 방송하기로 했는데, 7일 오후 이미 구독자 42만 3,000명을 모았다.[87]

　김어준이 누린 그런 인기 자체는 감히 그 누구도 탓할 수 있는 건 아니었다. 문제는 늘 그런 인기에 놀아나는 정치인들이었다. 전 국회의장 문희상은 『조선일보』(2023년 1월 5일) 신년 인터뷰에서 정치인으로선 하기 힘든 고언을 했다. 그는 "지금 한국 정치의 제1과제, 더 나아가 대한민국의 최대 숙제는 정치 양극화"라며 "이대로면 정치인들만 공멸하는 게 아니라 국민이 둘로 쪼개져 국가가 내전 상태가 될 것"이라고 우려했다. 그는 "유튜브, SNS 등 미디어도 양극화에 영향을 주고 있다"는 질문에 대해 다음과 같이 답했다.

　"난 보수 쪽 가세연도, 진보 쪽 김어준 씨도 다 듣지 않는다. 나오라고 해도 안 나간다. 그런데 요새는 억지로 없애려고 하는 것 같더라. 그런 목소리도 있다고 생각하고 그냥 내버려둬야 한다. 억지로 없애려고 하면 더 커지는 게 민주주의 상식 원리다. 짖어야 똥개인 줄 안다. 언젠가는 국민이 다 정리해준다. 정치인들이 그들 미디어에 우르르 나가는 건 참 한심하다."[88]

앞으로 우리는 그런 한심한 일을 계속 보게 될 것이다. 김어준의 여론조사 활동은 그간 그가 '민주당에 끼친 해악'을 넘어서 긍정적 영향을 미칠 수 있을까? 우문愚問이다. 한국은 이미 편 가르기가 고착화된 사회가 아닌가? 한국 사회가 그렇게 가선 안 되겠다는 생각으로 이 책을 쓰긴 했지만, 이 책에 대한 반응도 이미 각자 소속된 편에 따라 정해진 답대로 나올 게 뻔하다. 그럼에도 이런 세상을 그대로 긍정할 순 없으니 뭐라도 해야 한다는 심정으로 계속 외쳐 보련다. 내가 최근에 쓴 「증오·혐오를 파는 상인들을 경계하라」는 신문 칼럼을 이 책의 결론으로 삼고자 한다.

증오·혐오를 파는 상인들을 경계하라

1994년 11월 미국의 중간선거에서 공화당은 민주당을 꺾고 상하원 모두 다수당이 되었다. 하원에서 공화당 다수 체제를 구축한 것은 40년 만의 대사건이었기에, 이는 '보수주의자들의 쿠데타'로 불렸으며, 그 주역인 뉴트 깅리치를 부각시켜 '깅리치 혁명'으로도 불렸다. 그러나 오늘날의 관점에서 돌이켜보자면, 진정한 '깅리치 혁명'은 극단적인 '정치의 전쟁화'였다.

1979년 36세에 하원의원이 된 깅리치는 이후 20년간 당시로선 상상을 초월하는 전투적 스타일로 악명과 더불어 열혈 지지자들을 얻었다. 그는 1983년 자신과 뜻이 맞는 소장파 의원들의 모임을 만들어 민주당을 공격하는 첨병 역할을 맡았다. 그는 언론 매체의 속성을 꿰뚫어보고 그걸 잘 이용하는 탁월한 미디어 선동가였다. 그는 민주당 원로들을 화나게 만들 독설과 욕설을 내뿜었다. 이에 큰 흥미를 느낀 언론 매체들이 그걸 대서특필해대면서 깅리치는 유명해졌고 강성 공화당원들의 뜨거운 지지를 누리게 되었다.

1995년 하원의장이 되면서 깅리치는 "신질서를 건설하기 위해서는 구질서를 무너뜨려야 한다"는 명분을 내세워 공화당과 민주당을 영원한 원수 관계로 만들겠다는 야심을 품고, 그걸 곧장 실천에 옮겼다. 그때까지만 해도 공화당 의원들과 민주당 의원들 사이엔 대화와 더불어 우정이 살아 있었다. 현 대통령 조 바이든은 상원의원 시절 공화당 상원의원 존 매케인과 그런 관계를 유지했는데, 언제부턴가 그게 어려워졌다. 그는 지난 2017년 다음과 같이 회고한 바 있다.

"존과 나 둘 다 논쟁에 참여하곤 했죠. 우린 민주당 쪽으로든 공화당 쪽으로든 건너가서, 글자 그대로, 옆에 나란히 앉아서 얘기를 나눴는데 그걸 질책하더군요. 양당 지도부가요. 논쟁 중에 그런 식으로 말을 걸고 친한 티를 내면 어쩌냐는 거죠. 1990년대 깅리치 혁명 이후의 일입니다. 지도부는 우리가 같이 있는 걸 원치 않았어요. 그때부터 분위기가 바뀐 겁니다."

그렇게 분위기를 바꾸기 위해 깅리치는 무슨 일을 했던가? 미국의 진화인류학자인 브라이언 헤어와 버네사 우즈의 명저인 『다정한 것이 살아남는다』의 서론에 소개된 일부 수법을 감상해보자. 깅리치가 가장 먼저 한 일은 의회 근무일을 주 5일에서 주 3일로 단축한 것이었다. 지역구에서 선거구민들과 더 어울리면서 모금 활동에 집중하라는 뜻이었다지만, 이 조치가 미친 영향은 컸다. 가족을 데리고 워싱턴으로 이사하는 의원이 줄었고, 의원들이 소속을 초월해 우정을 쌓던 전통이 무너졌다.

또한 깅리치는 공화당 의원들이 민주당 의원들과 협력하는 것을 금지시켰으며, 의원들의 언어 사용에까지 개입했다. 평소 민주당 의원들을 나치에 자주 비유했던 깅리치는 공화당 의원들이 민주당 의원이나 민주당에 대해 말할 땐 "부패했다"거나 "역겹다" 같은 혐오감 유발 어휘들을 사용하라고 권고했다.

깅리치가 이런 일련의 '원수 만들기' 프로젝트를 강하게 밀어붙이면서 초당파적 모임과 회의, 막후 협상 같은 것이 사라졌으며, 이런 규범은 하원을 넘어 상원마저 점령하고 말았다. 깅리치는 정계에서 사라졌지만 그가 남긴 유산은 아직도 끈질기게 살아남아 미국 정치를 전쟁의 수렁으로 몰아가고 있다.

한국은 어떤가? 이에 대해 생각해볼 만한 작은 사건이 최근 벌어졌다는 게 흥미롭다. 지난 2022년 11월 18일 오후 서울 여의도 국회 운동장에서 열린 '여야 국회의원 친선 축구 대회'다. 협치를 복원하자는 명목으로 22년 만에 개최된 이벤트였다. 경기 후 여야를 막론하고 호평이 쏟아진 좋은 기획이었지만 강성 지지자들의 생각은 달랐다. 페이스북 등에 '인증샷'을 올린 야당 의원 일부는 그들에게서 이런 비판 세례를 받았다. "지금이 이런 인증샷 올릴 만큼 한가하냐", "지금 시국이 이럴 때냐", "여야가 희희낙락할 시간인가", "지금은 치열한 전쟁 중이다", "정신들 차려라" 등등.

의원들은 즉각 '인증샷'을 삭제했다. "주시는 말씀을 겸허히 받겠습니다"라는 사과 취지의 글을 올린 의원도 있었다. 의원들은 이런 경우 대화나 토론이 가능하지 않다는 걸 경험으로 잘 알고 있기에 지지자들을 설득해보려는 시도를 아예 하지 않았을 게다. 말이야 바른 말이지만, 페이스북은 대화나 토론을 위한 마당이 아니잖은가?

때마침 나온 『시사저널』의 표지 기사가 눈에 확 들어온다. 최근 2년간 팔로워와 게시물 수에서 상위권에 속한 정치인 16명의 페이스북 글을 전수 조사한 결과를 분석한 기사다. 「적대와 분열, 가짜뉴스 부르는 페이스북의 저주」라는 제목이 시사하듯이, 1,000회 이상 공유가 이루어진 게시물 51건 중 42건이 '적대 집단'을 공격하는 것이었다. 정치인들은 온몸으로 알고 있다. '적대 집단'에 대한 증오와 혐오를 강하게 표현하는 메시지가 장사가 잘된다는 것을. 그렇게 길들여진 지지자들에게 '협치 축구'라는 건 생뚱맞은 배신행위로 여겨졌을 게다.

물론 그런 '적대와 분열'이 자연스럽게 저절로 이루어진 건 아니다. '적대와 분열'로 이익을 보는 사람들이 공격적으로 밀어붙인 결과다. 그들은 누구인가? 강성 팬덤 정치를 부추겨 이익을 본 정치인들과 그런 팬덤 산업에서 정치·경제적 이익을 취한 인플루언서들을 들 수 있겠지만, 미국과는 달리 한국엔 깅리치처럼 구체적으로 지목할 만한 단수의 인물은 없다.

나는 증오·혐오를 파는 상인들을 경계하자는 제안을 하고 싶다. 전 민주당 의원 표창원은 "극단적, 일방적으로 자기편에 유리한 선동을 하며 금전적 이익을 챙기는 언론이나 유튜버 등 소위 '진영 스피커'들"을 가리켜 '정치 군수업자'라고 했는데, 이들 중에 증오·혐오를 파는 상인들이 있다.[89] 이들은 많은 지지자에게서 사랑과 존경까지 누리고 있기에 비난하긴 쉽지 않지만, 강한 문제의식이라도 가져야 한다.

잘 생각해보자. 어떤 정치세력과 그 지지자들이 아무리 밉고 싫더라도 그들을 가두거나 추방할 수는 없다. 그들 대부분은 당파성만 빼고 다른 모든 면에선 당신과 거의 같은 생각을 갖고 있는 평범한 이웃이다. 그런 사람들에게 증오·혐오의 열정이나 광기를 쏟는다는 게 너무 이상하지 않은가? 사적 이익을 위해 증오·혐오를 파는 사람들의 선전·선동에 휘둘리지 말고 더불어 같이 살자.(『무등일보』·『영남일보』·『중부일보』·『충청투데이』, 2022년 11월 29일 공동게재)

머리말 '김어준 논쟁'은 '역지사지 논쟁'이다

1   아론 라자르(Aaron Lazare), 윤창현 옮김, 『사과 솔루션: 갈등과 위기를 해소하는 윈-윈 소통법』(지안, 2004/2009), 9쪽.

제1장 '명랑 사회' 구현의 선구자, 김어준

1   김어준, 『딴지일보 졸라 스페셜』(딴지그룹, 2000), 11쪽.
2   김어준 편, 『딴지일보 1』(자작나무, 1998), 4쪽.
3   김어준 편, 『딴지일보 2』(자작나무, 1998), 239~240쪽.
4   김어준 편, 『딴지일보 3』(자작나무, 1998), 271~272쪽.
5   정혜신, 『남자 vs 남자: 남성 심리 전문가 정혜신 박사의 본격 심리 평전』(개마고원, 2001), 30쪽.
6   홍대선, 「김어준에 낚이다: 내가 겪은 인간 김어준」, 『주간조선』, 제2181호(2011년 11월 14일).
7   지승호, 『쉘위토크 Shall we Talk』(시대의창, 2010), 50쪽.
8   지승호, 『쉘위토크 Shall we Talk』(시대의창, 2010), 63쪽.
9   김어준, 『건투를 빈다: 김어준의 정면돌파 인생 매뉴얼』(푸른숲, 2008), 15, 25쪽.
10 김어준, 『건투를 빈다: 김어준의 정면돌파 인생 매뉴얼』(푸른숲, 2008), 26~29쪽.
11 김어준, 『건투를 빈다: 김어준의 정면돌파 인생 매뉴얼』(푸른숲, 2008), 36쪽.

12   김어준, 『건투를 빈다: 김어준의 정면돌파 인생 매뉴얼』(푸른숲, 2008), 5쪽.

13   김어준·정봉주·주진우·김용민, 『나는 꼼수다: 세계 유일 가카 헌정 시사 소설집 Episode 1』(시사IN북, 2012), 310~320쪽.

14   김어준·지승호, 『닥치고 정치: 김어준의 명랑시민 정치교본』(푸른숲, 2011), 5쪽.

15   김어준·지승호, 『닥치고 정치: 김어준의 명랑시민 정치교본』(푸른숲, 2011), 23쪽.

16   김어준·지승호, 『닥치고 정치: 김어준의 명랑시민 정치교본』(푸른숲, 2011), 11쪽.

17   지승호, 『쉘위토크 Shall we Talk』(시대의창, 2010), 58쪽.

18   지승호, 『쉘위토크 Shall we Talk』(시대의창, 2010), 54쪽.

19   김어준·지승호, 『닥치고 정치: 김어준의 명랑시민 정치교본』(푸른숲, 2011), 299~300쪽.

20   김어준·정봉주·주진우·김용민, 『나는 꼼수다: 세계 유일 가카 헌정 시사 소설집 Episode 1』(시사IN북, 2012), 133쪽.

21   김어준·지승호, 『닥치고 정치: 김어준의 명랑시민 정치교본』(푸른숲, 2011), 299쪽.

22   지승호, 『쉘위토크 Shall we Talk』(시대의창, 2010), 78쪽.

23   지승호, 『쉘위토크 Shall we Talk』(시대의창, 2010), 77~78쪽.

24   박상진, "정부 업적주의 강박관념 결과", 『한국일보』, 2006년 1월 13일, A2면.

25   김상호, 「진리·윤리의 몰락: 라캉 철학으로 본 황우석 쇼크, 그리고 음모론」, 『월간중앙』, 2006년 2월, 240쪽.

26   박성현·정민숙, 「왜 '황우석 신드롬'에서 못 벗어나나」, 『뉴스위크 한국판』, 2006년 1월 25일, 27면.

27   김어준, 「황우석 사태, 이제 그만 닥치자」, 『한겨레』, 2005년 12월 30일, 25면.

28   지강유철, 「인터뷰/MBC PD수첩의 최승호 CP, 한학수 PD: 뿌리치기 힘들었던 두 달간의 유혹」, 월간 『인물과 사상』, 2006년 2월, 21쪽.

29   김소희, 「'황빠빠'를 아십니까?」, 『한겨레21』, 2006년 2월 14일,

14~15면.

30 김어준, 「'우리 편' 유감」, 『한겨레』, 2006년 2월 24일, 25면.

31 백승찬, 「[책과 삶] "나꼼수는 이 시대의 격동"…그들을 위한 철학적 알리바이」, 『경향신문』, 2012년 3월 17일.

32 안병진, 「닥치고 연애」, 『한겨레』, 2011년 10월 31일.

33 허지웅, 「내가 김어준을 비판하는 이유」, 『시사IN』, 제214호(2011년 10월 27일).

34 김어준·지승호, 『닥치고 정치: 김어준의 명랑시민 정치교본』(푸른숲, 2011), 329~331쪽.

35 박성민·강양구, 『정치의 몰락: 보수 시대의 종언과 새로운 권력의 탄생』(민음사, 2012), 49쪽.

36 박성민·강양구, 『정치의 몰락: 보수 시대의 종언과 새로운 권력의 탄생』(민음사, 2012), 132쪽.

37 류정민, 「'나는 꼼수다' 열풍, 정치 혐오 장벽을 허물다」, 『미디어오늘』, 2011년 12월 28일, 9면.

38 박선영, 「세속의 언어로 권력 꼬집기…나꼼수, 정치 예능판 '무한도전': 시사 풍자 토크 '나는 꼼수다' 신드롬 왜?」, 『한국일보』, 2011년 10월 10일.

39 박선영, 「세속의 언어로 권력 꼬집기…나꼼수, 정치 예능판 '무한도전': 시사풍자 토크 '나는 꼼수다' 신드롬 왜?」, 『한국일보』, 2011년 10월 10일.

40 박제균, 「'내 맘대로 언론' 그들이 부럽다」, 『동아일보』, 2011년 10월 14일.

41 Lee Harris, 『The Next American Civil War: The Populist Revolt Against the Liberal Elite』(New York: Palgrave, 2010), pp.58~59; Richard Hofstadter, 『The Paranoid Style in American Politics and Other Essays』(Cambridge, MA: Harvard University Press, 1952/1996), pp.8~9.

42 장윤선, 「"이렇게 말아먹다니…" 야권 패배, 이유 있다: 4·11 총선 결과와 정국 전망」, 『오마이뉴스』, 2012년 4월 12일.

43 김제동, 『김제동이 어깨동무합니다』(위즈덤경향, 2012), 170쪽.

제2장 김어준의 '팬덤 정치'와 '증오·혐오 마케팅'

1   유창선, 『나를 찾는 시간: 나이 든다는 것은 생각만큼 슬프지 않다』
    (새빛, 2022), 44~45쪽.

2   표창원, 『게으른 정의: 표창원이 대한민국 정치에 던지는 직설』(한
    겨레출판, 2021), 80, 111~125, 197쪽.

3   김어준·지승호, 『닥치고 정치: 김어준의 명랑시민 정치교본』(푸른
    숲, 2011), 62, 71쪽; 함복복·김민정 엮음, 『문재인 스토리』(모악
    2017), 97~99쪽.

4   정희준, 「정녕, '나꼼수'를 무릎 꿇리려는 것인가?」, 『미디어스』,
    2016년 2월 5일.

5   홍현진, 「건드리면 '폭풍 까임' '입진보' 낙인: '나꼼수' 편 가르기, 빨
    간불 들어왔다」, 『오마이뉴스』, 2012년 1월 3일.

6   허지웅, 「착한 FTA, 나쁜 FTA?」, 『시사IN』, 제218호(2011년 11월
    25일).

7   조수진, 「김용민 감싸고돈 문재인 '부메랑'」, 『동아일보』, 2012년 4월
    13일.

8   최영규, 「이재명 시장, 내가 대통령이 된다면 "작살부터 낸다"」, 『더
    팩트』, 2015년 6월 19일.

9   이재명, 『이재명은 합니다: 무엇을 시작하든 끝장을 보는 사람, 이재
    명 첫 자전적 에세이』(위즈덤하우스, 2017), 149쪽.

10 https://m.blog.naver.com/PostView.naver?isHttpsRedirect=tru
    e&blogId=choiys1989&logNo=220313891933

11 강성원, 「유시민 "야권의 집권, 정치권력만 잡은 것일 뿐"」, 『미디어
    오늘』, 2017년 5월 6일.

12 한현우, 「박원순에 "교통방송 달라" 김어준, 뉴스공장으로 '접수'」,
    『조선일보』, 2020년 11월 6일, A25면.

13 한현우, 「박원순에 "교통방송 달라" 김어준, 뉴스공장으로 '접수'」,
    『조선일보』, 2020년 11월 6일, A25면.

14 이유림, 「국민의당 장진영 "김어준·주진우 지상파 MC, 대놓고 親文
    어용 방송"」, 『뉴데일리』, 2018년 2월 9일.

15   오경묵, 「김어준 "안희정에 봉도사까지…'미투 공작 세력' 분명히 있다」, 『조선일보』, 2018년 3월 11일.

16   김지훈, 「정봉주 김어준, 사과하라」, 『한겨레』, 2018년 4월 2일; 진중권, 「[진중권의 트루스 오디세이] 멀쩡했던 지식인 얼빠진 소리하는 이유는 '버티고' 현상 때문」, 『한국일보』, 2020년 1월 23일.

17   조국백서추진위원회, 『검찰개혁과 촛불시민: 조국사태로 본 정치검찰과 언론』(오마이북, 2020), 67~68쪽.

18   강다은, 「MBC, 허가 없이 드론 띄워 조국 집회 불법 촬영」, 『조선일보』, 2019년 10월 1일, A14면.

19   유성운·김민욱, 「與 "조국 집회 200만"…강남3구 다 나와도 160만」, 『중앙일보』, 2019년 9월 30일, 5면.

20   김경필, 「MBC 보도국장 "조국 지지 집회 딱 보니 100만 명"」, 『조선일보』, 2019년 10월 2일, A4면.

21   박성제, 『권력과 언론: 기레기 저널리즘의 시대』(창비, 2017), 294쪽. 2020년 2월 보도국장에서 사장이 된 박성제의 MBC는 검찰과의 본격적인 전쟁에 뛰어든 것처럼 보였다. 누가 옳건 그르건, '조국 사태'로 인해 '두 개로 쪼개진 나라'에서 어느 한 편을 돕는 게 과연 그가 스스로 던진 질문에 대한 답이었을까?

22   신규진, 「"주진우 회당 출연료 600만 원…사장 연봉 맞먹어"」, 『동아일보』, 2018년 9월 28일; 신동흔·구본우, 「親與 인사 2배 더 불러 '조국 방어' 총력…"뉴스공장 아닌 뉴스 공작"」, 『조선일보』, 2019년 10월 4일, A21면; 김순덕, 「'나꼼수'가 주름잡는 대한민국」, 『동아일보』, 2019년 10월 23일.

23   정철운, 「청취율 포식자 '김어준의 뉴스공장' 신기록 1위」, 『미디어오늘』, 2019년 11월 7일.

24   표태준·서유근, 「세금 쓰는 교통방송 "정경심 공소장은 허위공문서" 궤변」, 『조선일보』, 2019년 11월 15일, A10면.

25   김소연, 「TBS "김어준 '코로나 사태는 대구 사태', 의미 왜곡돼"」, 『한국경제』, 2020년 3월 9일; 송은경, 「TBS "김어준 '대구 사태', 시민 안전 촉구한 것…언론이 왜곡"」, 『연합뉴스』, 2020년 3월 9일.

26   손덕호, 「윤호중 이어 이해찬, "통합당은 천박하고 주책없는 토착왜

구" 막말 쏟아내」, 『조선일보』, 2020년 4월 9일.

27 손호영, 「윤미향 해명에 '판' 깔아준 親與 방송들…지상파도 합세」, 『조선일보』, 2020년 5월 20일, A18면.

28 조준혁, 「진중권, 이용수 할머니 '배후설' 제기한 김어준에 "마약 탐지견이나 하라"」, 『한경닷컴』, 2020년 5월 26일.

29 유성운, 「""분수를 아세요" 막말 뒤엔…팬덤 의존하는 시사 프로」, 『중앙일보』, 2020년 6월 18일. 『조선일보』 주말뉴스 부장 김윤덕은 2022년에 쓴 칼럼에서 "KBS에 〈저널리즘 토크쇼 J〉라는 프로가 있었다. 문재인 정부 때인 2018년부터 3년간 방송된 이 프로는 '미디어 비평'을 내세웠지만 사실상 정권을 비판하는 보수 언론만 때리고 조롱하는 정치 쇼였다"며 이렇게 말했다. "〈뉴스공장〉 진행자 김어준에 대해서는 기성 언론이 모범으로 삼아야 할 언론인으로, 우리 사회에 새로운 저널리즘 양식을 만들어냈다고 상찬했다. 서해 공무원 피격 사건에서는 그 편향이 절정에 이른다. 언론이 '총살', '불태워'란 표현을 써서 유족에게 상처를 입혔고, 무분별한 의혹 제기로 군사 첩보가 새어나갔으며, 김정은이 자발적으로 사과까지 했는데 이를 평가절하한다고 지적했다. 이 프로는 JTBC가 주최하는 2019년 백상예술대상 TV부문 교양작품상을 수상했다." 김윤덕, 「'무례한 언론'에 대처하는 권력의 자세」, 『조선일보』, 2022년 12월 5일.

30 신동흔, 「최승호 前 MBC 사장 "김어준, 취재 안 하고 상상으로 음모론 펴"」, 『조선일보』, 2020년 7월 6일, A18면.

31 정상혁, 「김어준이 언론·검찰 바이러스와 싸우는 의병 대장?」, 『조선일보』, 2020년 7월 18일, A10면.

32 변선진, 「진중권 "김어준 또 나섰다…조국 사태와 결말도 똑같을 것"」, 『매일신문』, 2020년 9월 8일.

33 장근욱, 「이 와중에…김어준 "그는 월북자, 북한이 화장한 것"」, 『조선일보』, 2020년 9월 25일.

34 서한길, 「"北, 월북자 화장" 김어준 표현에…진중권 "청취율 장사 그만"」, 『동아일보』, 2020년 9월 25일.

35 이슬비, 「野 "공영방송, 親與 패널 내보내 뉴스 공작"」, 『조선일보』, 2020년 10월 8일, A1면.

36 송경화, 「TBS "편향성 지적하는 국민의힘, 공개 토론하자"」, 『한겨레』, 2020년 10월 22일.

37 최연진·이슬비, 「"식당서 김치찌개 빨리 달라고 하면 청탁이냐"」, 『조선일보』, 2020년 9월 9일, A5면.

38 김은빈, 「정청래 '김치찌개 청탁'에…진중권 "찌개 시켜먹듯 청탁하나"」, 『중앙일보』, 2020년 9월 9일.

39 이슬비, 「TBS, 文 정부 광고만 3년간 102억…朴 정부보다 3배 급증」, 『조선일보』, 2020년 10월 8일, A35면.

40 김형원, 「권익위 '김어준 뉴스공장'에 광고 몰아줬다」, 『조선일보』, 2020년 10월 15일.

41 신동흔·최아리, 「野 의원 "김어준, TBS 출연료 회당 200만 원…업계 최고의 3배"」, 『조선일보』, 2020년 10월 24일, A10면.

42 김순덕, 「美 바이든 당선 걱정하는 김어준과 집권 세력」, 『동아일보』, 2020년 10월 29일.

43 원우식, 「김어준, 연이틀 김경수 재판부에 "야비하다", "억지" 또 음모론」, 『조선일보』, 2020년 11월 10일.

44 박권일, 「그것은 민주주의가 아니다」, 『한겨레』, 2020년 12월 11일, 25면.

45 권경애, 『무법의 시간: 어쩌다 우리가 꿈꿨던 세상이 이 지경이 되었나?』(천년의상상, 2021), 163~164쪽.

46 정철운, 「'조국백서' 후원회장과 '조국흑서' 집필자, 정경심 판결에 엇갈린 반응」, 『미디어오늘』, 2020년 12월 24일.

47 김도연, 「'맹비난' 김어준 "정경심 법정 구속, 정치인 조국 탄생 목격할 것"」, 『미디어오늘』, 2020년 12월 26일.

48 김승현, 「김어준, "일개 판사가…" "법적 쿠데타" 윤석열 판결에 막말 쏟아내」, 『조선일보』, 2020년 12월 25일.

49 이미니, 「"사법부가 판결로 정치했다" vs "野 서울시장 후보 tbs 개혁해야"」, 『한국경제』, 2020년 12월 24일.

50 박희석, 「'정연주 방심위'도 옹호하지 못한 tbs 교통방송의 '편파성': 방심위 방송 심의기획팀 작성 문건」, 『월간조선』, 2022년 9월호.

51 김도연, 「'김어준 TBS 퇴출'이 서울시장 공약이 된다면」, 『미디어오

늘」, 2020년 12월 29일.

52   진중권, 「"선동정치의 역습, 올 1월 이미 중도층은 與 떠났다"」, 『중
앙일보』, 2021년 1월 6일, 24면.

제3장 민주당을 장악한 '김어준 교주'

1   김은경, 「정청래 "뉴스공장 폐지? 김어준 쫄지 마, 형아가 있잖아"」,
『조선일보』, 2021년 1월 13일.

2   윤춘호, 「[그, 사람] 금태섭, 그가 정치를 하는 이유」, 『SBS 뉴스』,
2021년 1월 23일.

3   진중권, 「"김어준 왜 사과를 모를까, 유시민과는 다른 게임 중"」, 『중
앙일보』, 2021년 1월 27일, 26면.

4   장주영, 「조은희 "교통방송 편파적" 지적에 김어준 "TV조선 많이 보
셨네"」, 『중앙일보』, 2021년 2월 15일.

5   손병관, 「"김어준은 TBS의 '삼성전자' 같은 존재": [인터뷰] 미디어재
단 창립 1주년 맞은 TBS 이강택 대표이사」, 『오마이뉴스』, 2021년
2월 17일.

6   김도연, 「이강택 TBS 대표 "김어준 의존 지나치다 지적 아프게 새
겨"」, 『미디어오늘』, 2021년 2월 17일.

7   김도연, 「'김어준 퇴출' 공약, 동의 39% 비동의 40%」, 『미디어오
늘』, 2021년 3월 3일.

8   오경묵, 「김진애 "박영선 올인하는 김어준 낯설다, 다들 이상하게 생
각"」, 『조선일보』, 2021년 3월 4일.

9   김은정, 「박범계 "3년 전 LH 의혹, 검찰 뭐했나" 검사들 "文 정부는
뭐했나"」, 『조선일보』, 2021년 3월 11일.

10   오원석, 「김어준 "朴 피해자 정치 행위"…친문은 선거법 위반 고발
했다」, 『중앙일보』, 2021년 3월 18일.

11   최인호 외, 『김어준이 최순실보다 나쁘다』(이맛돌, 2021), 5~6쪽.

12   최인호 외, 『김어준이 최순실보다 나쁘다』(이맛돌, 2021), 40~45쪽.

13   최인호 외, 『김어준이 최순실보다 나쁘다』(이맛돌, 2021), 293~
294쪽.

14   최인호 외, 『김어준이 최순실보다 나쁘다』(이맛돌, 2021), 55, 158
      ~159, 233쪽; 서주민, 「[뉴스야?!] 김어준이 최순실보다 나쁘다?」,
      『TV조선 뉴스7』, 2021년 3월 21일.

15   이성진, 「친문 단체 대표의 김어준 저격 "증거는 안 내놓고 편 가르
      기 계속"」, 『주간조선』, 2021년 4월 4일.

16   진중권, 「김어준 없는 아침이 두려운 사람들」, 『중앙일보』, 2021년
      3월 31일.

17   오경묵, 「송영길 "김어준 뉴스공장 없어질 수도…박영선 뽑아야"」,
      『조선일보』, 2021년 3월 25일.

18   최진렬, 「[단독] "김어준 입맛대로?" 다스뵈이다 패널 60% 뉴스공
      장 '투잡'」, 『주간동아』, 2021년 4월 3일.

19   안준용, 「'세금 운영' 김어준 방송, 90분간 野 공격 제보자만 5명 인
      터뷰」, 『조선일보』, 2021년 4월 5일; 오병상, 「[오병상의 코멘터리]
      김어준의 뉴스공장과 어용 언론」, 『중앙일보』, 2021년 4월 5일.

20   김은경, 「"TBS, 노골적인 민주당 캠프 방송…최악의 공영방송 사유
      화"」, 『조선일보』, 2021년 4월 6일.

21   이채림, 「진중권 "與 선대본부장은 김어준…민주당, 음모론에 끌려
      다녀"」, 『TV조선 뉴스』, 2021년 4월 8일.

22   서유근, 「김어준, 조국 실책 지적한 김해영 저격 "이분들 말대로 하
      면 망한다"」, 『조선일보』, 2021년 4월 9일.

23   이현상, 「경이로운 김어준의 정신세계」, 『중앙일보』, 2021년 4월 9일.

24   김도연, 「'김어준 내버려두자' 비아냥까지 나오는 이유」, 『미디어오
      늘』, 2021년 4월 9일.

25   오경묵, 「김의겸 "김어준, 기울어진 언론 지형에 균형 잡는 역할"」,
      『조선일보』, 2021년 4월 21일.

26   홍규빈, 「김어준 엄호 나선 與…정청래 "천재성으로 청취율 1위" 찬
      사」, 『연합뉴스』, 2021년 4월 22일.

27   추미애는 "자유로운 편집권을 누리지 못하고 외눈으로 보도하는 언
      론들이 시민 외에 눈치 볼 필요가 없이 양 눈으로 보도하는 뉴스공
      장을 타박하는 것은 잘못"이라고도 했다. 이에 정의당 의원 장혜영
      은 '외눈', '양 눈' 운운하는 표현을 지적하면서 "해당 장애 비하 표

현에 대한 즉각적인 수정과 진정성 있는 사과를 요구한다"고 밝혔다. 그는 "장애를 비하하는 표현을 쓰지 않아도 얼마든지 자신의 정치적 견해를 표현할 수 있다"며 "차별금지법의 필요성을 여러 번 공개적으로 역설해온 추 전 장관인 만큼, 본인의 차별적 언행에 대한 지적을 수용하고 개선하는 모범적인 모습을 보여주길 바란다"고 밝혔다. 아마도 김어준 옹호의 열정이 평소의 상식과 양식을 압도한 탓에 벌어진 일일 게다. 박광연, 「김어준 방송 옹호하며 '외눈·양눈' 표현한 추미애…"장애인 비하" 여야 비판」, 『경향신문』, 2021년 4월 25일.

28 김민정, 「與 '김어준 지키기'…이준석 "언론 개혁=어준 수호"」, 『이데일리』, 2021년 4월 25일; 김형원, 「'김어준 뉴스공장 폐지' 靑 청원 30만 넘자… 與 일각 "당 차원서 대응해야"」, 『조선일보』, 2021년 4월 26일.

29 금준경, 「출연료 말고 '김어준 저널리즘'에 현미경을」, 『미디어오늘』, 2021년 4월 28일.

30 원선우, 「혹석 김의겸의 김어준 감싸기 "강제로 재갈 물리려…제 사명은 언론개혁"」, 『조선일보』, 2021년 4월 29일.

31 오연호, 「[긴급진단] 2002 대선의 의미-한국 사회 새로운 주류의 탄생」, 『오마이뉴스』, 2002년 12월 19일.

32 강준만, 「왜 미국의 CNN은 폭스뉴스·MSNBC와 달리 고전하는가?: 적대적 미디어 효과」, 『생각과 착각: 세상을 꿰뚫는 50가지 이론』(인물과사상사, 2016), 63~67쪽 참고.

33 서한길, 「진중권 "이낙연 멍청, 정세균 매력 없어…어차피 이재명"」, 『동아닷컴』, 2021년 4월 29일.

34 장근욱, 「정청래 "김어준 출연료 공격 추접, 유재석·손흥민은 왜 연봉 높나"」, 『조선일보』, 2021년 5월 2일; 고석현, 「정청래 "유재석 10배 받냐고 묻나? 김어준 TBS 먹여 살린다"」, 『중앙일보』, 2021년 5월 3일.

35 이기우, 「김근식, 김어준 옹호 정청래에 "참 말귀 못 알아듣는다"」, 『조선일보』, 2021년 5월 3일.

36 정한국·주형식, 「TBS '김어준 뉴스공장'에 정부·공기관이 31억 협찬」, 『조선일보』, 2021년 5월 3일.

37 이세영, 「김어준에 광고 몰아준 서울교육청의 변명 "저렴해서"」, 『조선일보』, 2021년 4월 1일.

38 주희연, 「與 최고위원 5명 친문 일색…'검수완박' 김용민이 1위」, 『조선일보』, 2021년 5월 3일; 배재성, 「최하위 김용민의 반전…與 최고위원 5명 중 3명 친문 일색」, 『중앙일보』, 2021년 5월 3일; 한영익, 「김용민 1위…'문파 성공 방정식' 확인된 최고위원 진용 "검수완박 go"」, 『중앙일보』, 2021년 5월 3일.

39 이슬비, 「與 김용민, 김어준에 "수석 최고위원 만들어줘서 감사"」, 『조선일보』, 2021년 5월 9일; 권준영, 「김어준 방송 출연한 김용민…"검찰 개혁 안 해놓으면 대선후보 힘들어져"」, 『디지털타임스』, 2021년 5월 9일.

40 강주희, 「김어준 한마디에 추미애-김용민-김남국 "개혁, 개혁"」, 『뷰스앤뉴스』, 2021년 5월 10일.

41 김은중, 「與 김승원, 김어준 방송 출연해 "천재시다 천재시네"」, 『조선일보』, 2021년 5월 15일.

42 신동훈, 「김어준의 말에 현혹되는 이유」, 『조선일보』, 2021년 5월 11일.

43 김준영, 「이재명·이낙연·정세균·추미애…김어준 부친상 與 주자 총출동」, 『중앙일보』, 2021년 6월 15일.

44 강경석, 「[단독] 김어준 진행 맡자…서울시 공공기관 TBS 광고 4년 새 20배 폭증」, 『동아일보』, 2021년 6월 16일; 장슬기, 「국민의힘 "민주당, 김어준 방탄 국회로 전락시켜"」, 『미디어오늘』, 2021년 6월 17일.

45 김창균, 「대학가의 꼰대 감별법 "너 민주당 지지하니?"」, 『조선일보』, 2021년 5월 20일.

46 김명진, 「김어준, '죽창가' 비판한 尹에 "日 극우와 결을 같이하는 시각"」, 『조선일보』, 2021년 6월 30일.

47 최혜승, 「진보평론가 유창선 "내년 초 '쥴리' 목격자 김어준 방송 나올지도"」, 『조선일보』, 2021년 7월 1일.

48 조의준·김은중, 「김어준 "2030 정의는 퇴행적" 박용진 "그러니 당신이 꼰대"」, 『조선일보』, 2021년 7월 19일.

49 김가연, 「조해진 "김어준 '대법관 좌표 찍기' 전체주의적 발상"」, 『조

선일보』, 2021년 7월 23일.

50 「[사설] 김어준에 與 부화뇌동하다 드루킹 조작 탄로, 한심한 나라 꼴」, 『조선일보』, 2021년 7월 23일.

51 김은중, 「흥분한 김어준, 김경수 재판부에 "개놈XX들 열 받네"」, 『조선일보』, 2021년 7월 25일; 김소정, 「김경진, 방송서 김어준 비판하자…주진우 "여기까지 들을까요?"」, 『조선일보』, 2021년 7월 26일.

52 강주희, 「진중권 "박원순 성추행할 사람으로 보이나? 사고 누가 칠지 몰라" 김어준 비판」, 『아시아경제』, 2021년 7월 29일.

53 김은중, 「김어준 "여유 생기고 예뻐졌어" 추미애 "행복합니다"」, 『조선일보』, 2021년 8월 2일.

54 김은중, 「김어준 "조국의 시간 반드시 온다…대선 이기면 돼"」, 『조선일보』, 2021년 8월 15일.

55 김동하·김은중, 「3차 선거인단, 이낙연 62% 이재명 28%」, 『조선일보』, 2021년 10월 11일; 이슬비, 「'경선 승복하느냐' 거듭된 질문에도, 이낙연 묵묵부답」, 『조선일보』, 2021년 10월 11일.

56 김가연, 「이낙연 측 "김어준, 이재명에 편파적…음모론적 주장 편다"」, 『조선일보』, 2021년 10월 13일.

57 김은중, 「김어준 "이재명, 혼자서 여기까지 와…이제 당신들이 도와줘야"」, 『조선일보』, 2021년 10월 24일. 이에 대해 제20대 대통령 선거 선거방송심의위원회는 2022년 3월 4일 TBS 〈김어준의 뉴스공장〉에 의견 진술을 의결했다. 선거방송 심의규정 21조 3항은 "방송은 특정한 후보자나 정당에 대한 지지를 공표한 자 및 정당의 당원을 선거 기간 중 시사정보 프로그램의 진행자로 출연시켜서는 아니된다"라고 규정하고 있다. 김일곤 위원(국민의힘 추천)은 "김어준은 특정 후보를 지지 공표한 자이고, 일단 2월 15일부터 선거운동이 시작되는 시점에서는 진행자로 출연하면 안 된다"고 했다. 김일곤은 "김어준은 그럼에도 불구하고 계속 출연하고 있으므로, 법정 제재를 해서 해당 방송 프로그램을 중지시켜야 한다"고 말했다. 정영식 위원(중앙선거관리위원회 추천)은 "선거 규정에 따라 선거 기간에는 방송사 자체적으로 김어준 방송인을 방송에서 하차시켜야 하는데 계속적으로 진행했기 때문에, 김어준 방송인이 진행하는 〈뉴

스공장〉을 즉시 지금부터라도 중지시켜야 하고, 진행자를 포함한 관계자에 대해서 법적인 제재를 처분해야 한다"고 말했다. 정일윤 위원(한국방송협회 추천)은 "해당 방송은 편파적 방송을 한다는 지적을 거듭 받고 있음에도 아무런 조치도 하지 않고 있다"며 "김어준 방송인의 책임보다도 방송 관계자의 책임을 묻고 싶다. 법정 제재에 관계자 징계를 요구한다"고 말했다. 박수택 위원(방송기자연합회 추천)은 "여러 차례 김어준 씨 프로그램에 대한 지적이 나오고 있다"며 "해당 방송사가 무겁게 받아들여서 자체로 스스로 결정하기를 바란다"고 했다. 선거방송심의위원 8인 중 5인이 법정 제재, 박수택·김언경 위원이 권고, 권혁남·박동순 위원이 의결 보류 의견을 내 의견 진술이 결정되었다. 선거방송심의위원회는 3월 18일 〈김어준의 뉴스공장〉에 법정 제재인 '경고'를 의결했다. 윤유경, 「유튜브에서 이재명 공개 지지한 김어준의 방송 출연에 의견 진술」, 『미디어오늘』, 2022년 3월 4일; 김소희, 「'이재명 지지' 김어준의 뉴스공장, 법정 제재 받았다」, 『한국일보』, 2022년 3월 18일.

58 윤슬기, 「이상민, 김어준 겨냥 "이재명 지지 선언, 민주당에 염증·혐오감 불러"」, 『아시아경제』, 2021년 11월 2일.

59 문다영, 「TBS 대표 "김어준 '이재명 지지 발언'은 인간적 연민일 수도"(종합)」, 『연합뉴스』, 2021년 11월 2일; 노경민, 「"돈도 빽도 없는 후보" 이재명 두둔한 김어준에…TBS 이강택 사장 "사적 영역"」, 『뉴데일리』, 2021년 11월 2일.

60 허윤희, 「[아무튼, 주말] '청년의사'와 '조국흑서'가 만나…매달 13일 '책' 권하는 이유」, 『조선일보』, 2021년 10월 30일.

61 이가영, 「김어준, 방송서 이재명 발언 뒷부분 잘라내가며 두둔 나서」, 『조선일보』, 2021년 10월 29일.

62 조현호, 「김어준 "오세훈 TBS 폐활량 늘리려 산소 공급 중단 논리"」, 『미디어오늘』, 2021년 11월 9일.

63 권준영, 「'尹 캠프' 김근식, 김어준 직격…"대깨문 방송하려면 대깨문 후원금 받아라"」, 『디지털타임스』, 2021년 11월 10일.

64 방심위는 방송 내용을 심의해 문제가 있으면 그 정도에 따라 '법정 제재', '행정 지도', '문제없음' 처분을 내린다. 법정 제재는 방송사

재허가·재승인 심사 때 감점 사유가 될 수 있는 중징계로 분류된다. 행정 지도는 재허가·재승인 감점 사유는 되지는 않지만, 방송 신뢰도와 직결되며 반복될 경우 차후 심의 때 중징계 처분의 근거가 될 수도 있다. 제작진 인사 조치 사유가 되는 경우도 있다. 노석조, 「[단독] 대장동 의혹 편파 발언…"김어준, 선거 방송 제대로 하라" 방심위 지적」, 『조선일보』, 2021년 11월 22일.

65 '선거방송심의에 관한 특별규정 제10조(시사정보 프로그램)'에 따르면, 선거법에 의한 선거 방송을 제외한 선거 관련 대담·토론, 인터뷰, 다큐멘터리 등 시사정보 프로그램은 선거 쟁점에 관한 논의가 균형을 이루도록 출연자의 선정, 발언 횟수, 발언 시간 등에서 형평을 유지해야 한다. 또 시사정보 프로그램 진행자 또는 출연자는 특정 정당·후보자 등을 조롱 또는 희화화해서는 안 된다. 노석조, 「[단독] 대장동 의혹 편파 발언…"김어준, 선거 방송 제대로 하라" 방심위 지적」, 『조선일보』, 2021년 11월 22일.

66 노석조, 「[단독] 대장동 의혹 편파 발언…"김어준, 선거 방송 제대로 하라" 방심위 지적」, 『조선일보』, 2021년 11월 22일; 송원근, 「올해만 17차례…방심위 〈김어준의 뉴스공장〉에 행정 지도」, 『뉴데일리』, 2021년 11월 22일.

67 심새롬, 「"윤석열, 삐삐삐-" 효과음 범벅된 김어준의 '대선후보 심리 분석'」, 『중앙일보』, 2021년 11월 26일.

68 심새롬, 「"윤석열, 삐삐삐-" 효과음 범벅된 김어준의 '대선후보 심리 분석'」, 『중앙일보』, 2021년 11월 26일.

69 오원석, 「김어준 방송 나온 심리학자 "심상정, 李 비판하는 건 심리 문제"」, 『중앙일보』, 2021년 11월 22일; 김경화, 「정의당, 김어준에 분노…"심상정 심리 분석한다며 온갖 모욕 줘, 방송 보이콧"」, 『조선일보』, 2021년 11월 22일.

70 김은빈, 「김건희 "靑 가면 초대" 발언 진실은…기자가 밝힌 26분 전말」, 『중앙일보』, 2021년 12월 17일.

71 정철운, 「"기자도 털면 안 나올 줄 아느냐" 김건희 발언 사실일까」, 『미디어오늘』, 2021년 12월 17일; 이해준, 「"기자도 털면…" 발언 진위 공방에, 김의겸 "김건희 씨 폰 까자"」, 『중앙일보』, 2021년 12월

16일.

72   김도연, 「2016년 뉴스가 된 언론인 10인을 뽑아봤습니다」, 『미디어 오늘』, 2016년 12월 30일.

제4장 김어준이 민주당과 한국 정치에 끼친 해악

1   윤유경, 「'AI 음성' 내보낸 김어준 뉴스공장 방송에 갑론을박」, 『미디어오늘』, 2022년 3월 11일.

2   이가영, 「김어준 "이재명 가짜 욕설 영상 파일, '대깨문'에 유포한단 제보"」, 『조선일보』, 2022년 1월 18일.

3   김가연, 「진중권 "李 가짜 욕설 영상? 김어준 주장 어이없어"」, 『조선일보』, 2022년 1월 20일.

4   김가연, 「與 586 용퇴론 언급에…진중권 "큰 무당 김어준과도 결별하길"」, 『조선일보』, 2022년 1월 24일.

5   최혜승, 「진보평론가 유창선 "내년 초 '쥴리' 목격자 김어준 방송 나올지도"」, 『조선일보』, 2021년 7월 1일.

6   고석현, 「쥴리 만났다는 안해욱 "최순실도 만나"…김어준, 급히 말 끊었다」, 『중앙일보』, 2022년 1월 25일.

7   김소정, 「김건희 "김어준은 사업가…진보라고 진보 편만 들면 안 돼"」, 『조선일보』, 2022년 1월 30일.

8   하수영, 「김혜경 황제 의전 논란에…김어준 "5급이 7급에 갑질한 것"」, 『중앙일보』, 2022년 2월 3일.

9   윤유경, 「'김혜경 의혹 부인' 발언 김어준 뉴스공장에 '의견 진술'」, 『미디어오늘』, 2022년 2월 25일.

10   김소정, 「김어준 "샤이 이재명 많아" 박시영 "尹보다 낫다며 투표장 갈 분 있다"」, 『조선일보』, 2022년 2월 6일.

11   나성원, 「김어준 방송, 이번엔 무속인 등장 "김건희 욕심 많아"」, 『국민일보』, 2022년 2월 9일; 고석현, 「무속인 화투신명 불러낸 김어준 "김건희, 검사 사귄다던가"」, 『중앙일보』, 2022년 2월 9일.

12   조준혁, 「김어준 '쥴리' 실체 익명 인터뷰에 '생태탕 시즌2' 비판 나와」, 『미디어오늘』, 2022년 2월 10일.

13 류재민, 「"허위사실 방치"…前 채널A 기자, '김어준 뉴스공장'에 소송 낸다」, 『조선일보』, 2022년 2월 15일; 조준혁, 「이동재 전 채널A 기자, 김어준·TBS 법적 조치 예고」, 『미디어오늘』, 2022년 2월 16일.

14 허욱, 「법원 "최강욱, 페북에 허위 글 정정문 게시하라"」, 『조선일보』, 2022년 12월 23일.

15 김소정, 「김어준 "이낙연 압승한 3차 경선 투표에 신천지 개입"…윤영찬 "음모론"」, 『조선일보』, 2022년 2월 19일; 하수영, 「김어준 "이낙연 압승 민주당 경선 신천지 개입"…윤영찬 "음모론"」, 『중앙일보』, 2022년 2월 19일.

16 고석현, 「김어준 만난 안해욱 "쥴리가 내게 '오빠'라 해서 좀 뭐라 했다"」, 『중앙일보』, 2022년 2월 21일.

17 박재현·정현수, 「'강성' 김어준·고민정·김의겸에 민주 '그만 좀…'」, 『국민일보』, 2022년 2월 21일.

18 이유림, 「'군기반장' 이낙연 "국민 기대에 언행 걸맞은지 냉정하게 봐야"」, 『이데일리』, 2022년 2월 21일.

19 유시민은 2022년 2월 24일 MBC 방송에서 "이 후보는 사법시험 합격자가 300명일 때 두 번 만에 합격했다. 윤 후보는 합격자가 1,000명일 때 9번 만에 합격했다. (두 사람은) 일반 지능에 큰 차이가 있다"고까지 말했다. 하지만 확인 결과 이재명이 합격한 1986년 28회 사법시험의 최종 합격자 수는 300명이고, 윤석열이 합격한 1991년 33회 사법시험의 최종합격자 수는 287명이었다. 이에 보수 성향 시민단체 '법치주의 바로세우기 행동연대'는 3월 1일 유시민을 공직선거법상 허위사실 공표 등의 혐의로 검찰에 고발했다. 김효성, 「'尹 어퍼컷'에 뱃살 운운한 유시민·김어준…與서도 "너무 나갔다"」, 『중앙일보』, 2022년 3월 1일.

20 김효성, 「'尹 어퍼컷'에 뱃살 운운한 유시민·김어준…與서도 "너무 나갔다"」, 『중앙일보』, 2022년 3월 1일.

21 고석현, 「라마다 前 직원 또 부른 김어준 "쥴리 전시회 본 사람 더 있나"」, 『중앙일보』, 2022년 3월 1일.

22 박태훈, 「與, 김만배 녹취록에 "선거 끝났다" 환호…野 "지고 있냐? 쉰내 나는 뻘소리를"」, 『뉴스1』, 2022년 3월 7일.

23 김소정,「원희룡 예상대로 '김만배 녹취록' 언급한 김어준…심각한 표정으로 한 말」,『조선일보』, 2022년 3월 7일.

24 고석현,「진중권 "김만배 녹취 공개는 '쉰 떡밥'…선거 3일 앞두고 공작"」,『중앙일보』, 2022년 3월 8일.

25 최훈민,「[단독] '김만배 녹음' 속 대화자, 뉴스타파 돈 받는 용역직이었다」,『조선일보』, 2022년 3월 7일.

26 오경묵,「원희룡 "김만배 음성 파일, 총 5곳 짜깁기 흔적"…해당 대목 유튜브 소개」,『조선일보』, 2022년 3월 8일.

27 박정훈,「신학림 "윤석열 '김만배 일당' 발언에 음성 파일 공개 결정"」,『오마이뉴스』, 2022년 3월 9일.

28 고석현,「김어준, 선거 하루 전 '김만배 녹취' 틀며 "포털서 오디오 안 들려줘"」,『중앙일보』, 2022년 3월 8일.

29 김소정,「김어준 "큰 선거 지면 당 깨지는데…민주당, 데미지 없어"」,『조선일보』, 2022년 3월 14일.

30 이가영,「정운현 "나도 초창기엔 애청자…김어준, 이제 보따리 싸야"」,『조선일보』, 2022년 3월 17일.

31 박은주,「이수정 "尹, 여가부 폐지가 첫 마음 아니었다…캠프서 보수표 노려 강한 메시지"」,『조선일보』, 2022년 3월 15일.

32 김주영,「"악의 종자를 따르는 좀비들" 與 시의원, 尹 지지자 비하 논란」,『조선일보』, 2022년 3월 16일.

33 이가영,「尹 오찬 행보에 "후지다"…'김어준 뉴스공장', 법정 제재 받나」,『조선일보』, 2022년 6월 15일.

34 김소정,「김어준 "박근혜 표는 애정이 담겼었는데…윤석열, 유효기간 끝"」,『조선일보』, 2022년 3월 26일.

35 김명진,「'다스뵈이다' 김어준 유튜브, 구독자 100만 명 넘었다」,『조선일보』, 2022년 3월 27일.

36 박상길,「김어준, 여론조사 업체 직접 설립 예고…"당분간 정기회원만 모집"」,『디지털타임스』, 2022년 4월 2일.

37 김가연,「김어준 "여론조사 업체 만든다"…전여옥 "역시 좌파들은 돈돈돈"」,『조선일보』, 2022년 4월 3일.

38 오경묵,「[단독] 한동훈 사는 타워팰리스 첫 소유주가 삼성?…김어

준 '황당 음모론'」, 『조선일보』, 2022년 4월 15일.

39 서민, 「음모론 이어 청문회 거부까지?…한동훈을 대하는 그들의 자세」, 『조선일보』, 2022년 4월 23일.

40 윤유경, 「'청와대 구경 버스 동원' 예언 발언 김어준 방송에 행정 지도」, 『미디어오늘』, 2022년 6월 24일.

41 김다영, 「김어준 "최강욱 '짤짤이' 남자들 농담…배현진 '앙증' 제명 수준"」, 『중앙일보』, 2022년 5월 3일; 최지원, 「최강욱, '성적 비속어' 발언 사흘 만에 사과…與 '2차 가해·발뺌' 여전」, 『TV조선 뉴스 9』, 2022년 5월 5일.

42 윤유경, 「최강욱 의원 실형 선고 논평 김어준 뉴스공장 행정 지도」, 『미디어오늘』, 2022년 8월 30일.

43 오경묵, 「'짤짤이'라던 최강욱, 한밤 민주당 홈피에 사과문」, 『조선일보』, 2022년 5월 5일.

44 적용 조항은 '방송은 선거에 관련된 사실을 객관적으로 정확히 다뤄야 한다'고 명시한 선거방송심의에 관한 특별규정 제8조 제1항, '선거 관련 대담·토론 등 시사정보 프로그램에서의 진행자 또는 출연자는 특정 정당·후보자 등을 조롱 또는 희화화해서는 안 된다'고 명시한 제10조 제2항이었다. 윤유경, 「유영하 공천 탈락 논평한 김어준 뉴스공장에 행정 지도」, 『미디어오늘』, 2022년 5월 27일.

45 조현호, 「오세훈·국힘 서울시의회 과반에 적신호 켜진 TBS」, 『미디어오늘』, 2022년 6월 2일.

46 권준영, 「노영희 변호사 정치 발언 "김어준, 현 정권에 저항하는 '잔다르크'로 여겨질 것"」, 『디지털타임스』, 2022년 6월 6일.

47 김경훈, 「김어준 "김건희, 대통령 부인 놀이 적당히 하라…사고 난다"」, 『서울경제』, 2022년 5월 30일.

48 이에 대해 전 새누리당(국민의힘 전신) 의원 전여옥은 "'내 편'이면 '여사'로, '남의 편'이면 '씨'로 부르는 것이다. 참 속보이는 짓"이라고 비판했다. 이어 "『한겨레』는 창간 이래 대통령 부인을 '아무개씨'로 불렀다. 그런데 좌파들이 '문재인 전 대통령을 무시하는 거지?' 하고 달려들어 『한겨레』가 항복했다"며 "저들의 논리면 김건희 씨라고 부르는 것은 윤석열 대통령을 무시해서다"라고 지적했다. 전여옥

은 "저는 그닥 호칭에 민감하지 않은 사람"이라면서도 "그런데 호칭까지 '내로남불'하는 좌파들을 보니 '김건희 여사'라고 부를까 싶다. 하긴 요새 웬만하면 다 여사님 아닌가. 참 인색한 좌파들"이라고 꼬집었다. 권혜미, 「전여옥 "김어준, 속 보인다…김건희는 '씨', 김정숙은 '여사'"」, 『이데일리』, 2022년 6월 7일.

49 이해준, 「與 "시신 불태운 걸 화장이라 했던 김어준, 또 궤변" 심의 신청」, 『중앙일보』, 2022년 6월 17일.

50 고석현, 「김어준 "공무원 월북 뒤집기, 文 포토라인 세우기 프로젝트"」, 『중앙일보』, 2022년 6월 21일.

51 박상길, 「피살 공무원 아내, 김어준에 경고 "文 포토라인 세우기? 그 입 다물라"」, 『디지털타임스』, 2022년 6월 23일.

52 김명일, 「"김어준 발언에 극단 선택 충동" 故 이대준 씨 유족 방송 심의 신청」, 『조선일보』, 2022년 7월 1일.

53 정철운, 「TBS 대표 "종속과 굴종 강요가 독립인가" 서울시 직격」, 『미디어오늘』, 2022년 7월 10일.

54 조현호, 「언론이 김혜경 법카 사건 '7만 8천 원' 액수 일부러 누락?」, 『미디어오늘』, 2022년 8월 25일.

55 김동원, 「TBS가 빠진 유혹, '김어준의 뉴스공장'」, 『미디어오늘』, 2022년 8월 29일.

56 김효성·손국희, 「檢, '선거법 위반 혐의' 이재명 소환 통보…"정치 보복, 전쟁입니다"」, 『중앙일보』, 2022년 9월 1일.

57 조현호, 「이재명 소환 통보에 KBS "정국 전환용" 김어준 "정적 제거 시도"」, 『미디어오늘』, 2022년 9월 2일.

58 김명일, 「'김건희 여사 베일 발언' 김어준·황희두 고발당해…黃은 즉시 사과」, 『조선일보』, 2022년 9월 23일.

59 문영진, 「김어준 "이재명, 임기 동안 새 인물 키워야"…'재명이네 마을' 시끌시끌」, 『파이낸셜뉴스』, 2022년 9월 27일; 배재성, 「"김어준 망상…이재명 이해 부족하다" 개딸들 들고일어난 이유」, 『중앙일보』, 2022년 9월 27일; 김준영·김하나, 「김어준·정청래도 개딸에 털렸다…서로 물어뜯는 '친야 스피커'들」, 『중앙일보』, 2022년 11월 30일.

60 김민욱, 「"정치적 독립 아닌 정치 투쟁의 장 된 TBS…김어준 방송

탓」, 『중앙일보』, 2022년 10월 18일.

61 김은중, 「與 "김어준 노골적 봐주기…野 추천 방심위원들 직무유기로 고발"」, 『조선일보』, 2022년 9월 1일.

62 고석현, 「진중권 "문제는 골수 친문 방심위, 김어준 출연료가 아니다"」, 『중앙일보』, 2021년 4월 24일.

63 윤유경, 「"선전 방송이지 언론이냐" 비판까지 나온 김어준 뉴스공장 방송 심의 현장」, 『미디어오늘』, 2022년 10월 18일.

64 정철운, 「김어준, TBS 조례 폐지안에 "세계 언론 탄압사 중 가장 치사"」, 『미디어오늘』, 2022년 10월 21일.

65 양준서, 「'윤 대통령 퇴진 운동' 이슈화하는 촛불승리전환행동과 김어준, "국회에서도 탄핵 논의 있을 것" 주장」, 『펜앤드마이크』, 2022년 10월 25일; 홍영림, 「여론몰이 하려는 여론조사」, 『조선일보』, 2022년 10월 28일.

66 김혜인, 「'일방통행' 말 바꾼 김어준…與 "죽음 '정치화'로 이득 보려"」, 『주간조선』, 2022년 11월 1일; 김명일, 「與, 김어준 발언 조목조목 반박 "가짜뉴스 선동 심판받아야"」, 『조선일보』, 2022년 11월 1일.

67 이가영, 「'이태원 일방통행' 김어준 발언…서울시의원 "천벌 받을 짓"」, 『조선일보』, 2022년 11월 3일.

68 장상진, 「마약 단속 때문에 참사?…김어준·황운하, 또 한동훈 책임론」, 『조선일보』, 2022년 11월 2일; 이지용, 「이태원 참사에 '한동훈' 걸고넘어진 김어준·황운하 '황당'」, 『매일경제』, 2022년 11월 2일.

69 김명일, 「與, 또 김어준 발언 조목조목 반박 "허위사실로 청취자 선동"」, 『조선일보』, 2022년 11월 5일.

70 윤유경, 「이태원 참사 의혹 제기 '김어준 뉴스공장' 법정 제재 의결」, 『미디어오늘』, 2022년 11월 22일; 신동흔, 「방심위, 이태원 허위 발언 김어준에 '주의'」, 『조선일보』, 2022년 11월 24일.

71 이는 KBS, MBC, YTN, 연합뉴스TV, TBS 등 5대 공영방송의 편파·왜곡 보도에 대해 감시 활동을 벌인 공정언론국민연대(운영위원장 최철호)가 11월 둘째 주(7일~13일) 프로그램을 모니터링한 결과 중의 일부다. 김영일, 「공언련, 편파 왜곡 심한 MBC와 TBS 등 12건 방송통신심의위 고발」, 『더퍼블릭』, 2022년 11월 15일; 공정언론

국민연대, 「"편파 왜곡 보도 건수, MBC가 다시 TBS 제쳐…전용기 탑승 배제 비판 리포트 도배"」, 『펜앤드마이크』, 2022년 11월 15일.

72 장근욱, 「서울시, TBS 예산 지원 2024년부터 끊는다…市 의회서 조례안 통과」, 『미디어오늘』, 2022년 11월 15일.

73 박재령, 「TBS 조례 폐지안 가결에 "독재 시절에도 일어나지 않는 무자비한 일"」, 『미디어오늘』, 2022년 11월 15일.

74 김동환, 「'TBS 지원 중단 조례' 재차 비판한 김어준 "'뉴스공장' 없앨래, '다 죽을래' 이거 아닌가"」, 『세계일보』, 2022년 11월 18일.

75 김소정, 「더탐사 두둔한 김어준 "한동훈 집에 들어간 것도 아니지 않나"」, 『조선일보』, 2022년 11월 28일.

76 김명일, 「與 "더탐사, 제2 김어준…대한민국의 독버섯"」, 『조선일보』, 2022년 11월 28일.

77 김아진, 「"제2, 제3의 김어준, 우후죽순 생겨…정치가 장외에 끌려다니는 상황": [김아진이 만난 사람] '이주의 전망' 정세 보고서 8년간 낸 윤태곤 더모아 정치분석실장」, 『조선일보』, 2022년 11월 28일.

78 강애란, 「김어준, TBS '뉴스공장' 하차 입장 표명…"올해 말까지 하겠다"」, 『연합뉴스』, 2022년 12월 12일; 김자아, 「김어준, 뉴스공장 하차한다…"연말까지 3주 더 진행"」, 『조선일보』, 2022년 12월 12일.

79 김소정, 「김남국, 김어준 '뉴스공장' 하차에 "TBS 살리려고 희생한 것"」, 『조선일보』, 2022년 12월 14일; 황희진, 「김남국 "김어준 TBS 예산 삭감 탓 하차, 불량배나 할 최악 언론 탄압"」, 『매일신문』, 2022년 12월 14일.

80 김준영, 「김어준 하차에 민주당 일각 "잘 물러났다"…野, 달라진 이유는?」, 『중앙일보』, 2022년 12월 13일.

81 김준영, 「김어준 하차에 민주당 일각 "잘 물러났다"…野, 달라진 이유는?」, 『중앙일보』, 2022년 12월 13일.

82 이채림, 「[뉴스야?!] "김경수가 양심수"?」, 『TV조선 뉴스7』, 2022년 12월 17일.

83 장상진, 「한동훈 스토킹 설문에 답정너 질문…이상한 김어준 여론조사」, 『조선일보』, 2022년 12월 16일.

ㅈ

84 김다영, 「[단독] TBS 직원 10명 중 6명 "김어준 방송, 중립적이지 않다"」, 『중앙일보』, 2022년 12월 29일. 이 공개를 둘러싼 논란은 박재령, 「김어준 공정성 설문조사 유출에 TBS 사내 갈등」, 『미디어오늘』, 2023년 1월 3일 참고.

85 김지혜, 「김종혁 "김어준 뉴스공장 실체 드러났다…흑역사 남게 될 것"」, 『중앙일보』, 2022년 12월 29일.

86 박민식, 「'뉴스공장' 김어준 "3년 6개월 후 돌아와 20년 진행할 것"」, 『한국일보』, 2022년 12월 30일.

87 박지혜, 「유시민 "내가 친윤 평론가로 나서면 대박"…김어준, '겸손' 고정 요청」, 『이데일리』, 2023년 1월 8일.

88 김아진·주형식, 「문희상 "김어준·가세연 출연 정치인들 한심, 국가 경영 자격 없어"」, 『조선일보』, 2023년 1월 5일.

89 친(親)민주당 스피커들이 분열하면서 서로 싸우는 이유도 주로 돈 문제다. 예컨대, 『시사타파TV』는 더탐사의 거친 취재는 결국 "민주 시민 사회에 침투해 돈돈돈 거리며 갈라치기를 하는 것"이란 취지로 비판을 하고 있다. 특히 청담동 술자리 의혹이 거짓말로 드러난 후인 2022년 11월 25일엔 "돈탐사(더탐사)의 연이은 헛발질이 민주당을 위기로 몰고 있다. 그들은 X맨인가"라고 했다. 2011년 김어준의 '나는 꼼수다' 성행 이래 스피커들은 점점 더 자극적인 선동 경쟁을 벌여왔는데, 민주당 내에선 "보수 진영과 달리 민주당이 스피커에 지나치게 의존해오면서, 스피커의 기침에도 당이 흔들리는 기형적 상태가 됐다"(수도권 초선)는 말이 나올 정도가 되고 말았다. 김준영·김하나, 「김어준·정청래도 개딸에 털렸다…서로 물어뜯는 '친야 스피커'들」, 『중앙일보』, 2022년 11월 30일.

정치
무당
김어준
ⓒ 강준만, 2023

초판 1쇄 2023년 2월 10일 펴냄
초판 2쇄 2023년 2월 16일 펴냄

지은이 | 강준만
펴낸이 | 강준우
기획 · 편집 | 박상문, 김슬기
디자인 | 최진영
마케팅 | 이태준
인쇄 · 제본 | 제일프린테크

펴낸곳 | 인물과사상사
출판등록 | 제17-204호 1998년 3월 11일

주소 | (04037) 서울시 마포구 양화로7길 6-16 서교제일빌딩 3층
전화 | 02-325-6364
팩스 | 02-474-1413

www.inmul.co.kr | insa@inmul.co.kr

ISBN 978-89-5906-672-8 03300

값 16,000원